KB089344

생각하는 대로!

OMOU HA MANEKU
by TSUTOMU UEMATSU

Copyright ©2016 by Tsutomu Uematsu
Original Japanese edition published by Takarajimasha,Inc.
Korean translation rights arranged with Takarajimasha,Inc.
Korean translation rights ©2017 by SISA JAPANESE PUBLISHING Co., Ltd.

생각하는 대로!

로켓 아저씨의
희망을 부르는 주문

우에마쓰 쓰토무 지음
김선주 옮김

시사일본어사

'생각'에서 모든 것이 시작된다

'생각하는 대로 이루어진다'는 제 어머니가 가르쳐주신 말입니다.

중학교 시절로 거슬러 올라가 어머니께서 학교에 오셨을 때 이야기입니다. 진로 상담 선생님과 저, 그리고 어머니 이렇게 세 사람이 이야기를 하고 있었지요. 어차피 제 성적이 안 좋았기 때문에 선택의 폭은 아주 좁았던 것 같습니다. 그래서 비행기나 로켓과 관련된 일을 하고 싶다는 제게 선생님께서는 이렇게 못박으셨죠.

"그런 일은 도쿄대 정도 되는 머리 좋은 사람들이나 하는 일이야. 네 성적으로는 절대 안 돼."

그때 어머니는 조용히 저에게 이렇게 말씀하셨습니다.

"생각하는 대로 이루어진다는 말이 있단다."

'생각하는 대로 이루어진다.' 즉, 생각이라는 행위가 하고자 하는 일을 '이루어지게 만든다'. 좋은 생각을 하면 좋은 결과를 만들어내고, 나쁜 생각을 하면 나쁜 결과를 만들어낸다는 뜻이죠.

저는 그 후에 대학에 들어갔고 나고야에서 비행기를 설계하는 일도 하게 됐습니다. 지금은 제 회사를 운영하면서 로켓과 인공위성을 만들고 있고요.

그런데 '생각' 대신에 '좋아하는'이라는 말을 넣어도 좋을 것 같습니다. 제 경우에는 초등학교 때부터 종이비행기 접기를 좋아했는데 제가 만든 종이비행기는 정말 말도 안 되게 잘 날았지요. 체육관 끝에서 끝까지 수평으로 쭉 날아갔습니다. 그걸 본 친구들이 "우와, 대단하다!"고 말해줬지요. 그 말은 저에게 자신감을 불어넣어 주었고, 종이비행기 설계를 열심히 공부하게 됐습니다. 결국 그것이 대학에서 유체역학과 항공역학으로 발전했고요. 그리고 마침내 저는 비행기와 로켓을 만들 수 있게 되었습니다. 자신이 가야 할 길은, 꿈은, '좋아하는 일'과 이어져 있습니다. 어른이 되고 나서도 얼마든지 발견할수 있지요. 여러 개라도 상관없습니다. 중요한 사실은 절대 포기하지 말아야 한다는 것입니다. 저를 지탱해준 것은 비행기나 로켓이 너무 좋았다는 사실과 중학교 때 어머니가 가르쳐주신 '생각하는 대로 이루어진다'는 말 한 마디였습니다.

2014년에 열린 TEDxSapporo에서 저는 '생각하는 대로 이루어진다'는 주제로 강연을 했습니다. TED(테드)는 매년 밴쿠버에서 세계적인 규모의 강연회를 개최하고 있는 비영리단체입니다. 그리고 '널리 알려야 할 생각들을 공유하는 장'이라는 테드의 기본정신을 바탕으로 세계 각지에서 출범한 커뮤니티를 TEDx(테드엑스)라고 하지요. 많은 분들이 테드엑스에서 강연한 제 영상을 유튜브로 150만 번이나 봐주셨는데, 시간이 된다면 한 번 봐주시기 바랍니다.

"어차피 안 돼"라는 말을 없애자!

저희 회사(우에마쓰전기)는 홋카이도 중앙에 있는 아카비라 시에 위치하고 있습니다. 아카비라 시는 인구가 1만 2천 명도 안 되는 아주 작은 마을이지요. 이곳에서 저희는 세계 최초로 폭발하지 않는 로켓 엔진을 만들었습니다. 인공위성도 만들었고, 전 세계에 3군데밖에 없는 무중력 시설도 가지고 있지요. 직원 수 18명의 작은 회사지만 NASA(미국항공우주국)나 JAXA(일본 우주항공연구개발기구)에서도 사람을 파견해 저희 회사를 견학하곤 합니다. 〈시타마치 로켓〉이라는 드라마가 화제가 된 적이 있었는데 그런 느낌이라고 생각하시면 됩니다. 다른 점이 있다면 우에마쓰전기는 파워셔블용(굴착기의 일종) 리

사이클 마그네트가 주 수입원이며 로켓이나 인공위성은 돈벌이가 안 된다는 거죠. 앞으로도 돈벌이가 될지는 모르겠습니다. 돈벌이가 안 돼도 상관없습니다. 저에게 우주개발은 꿈을 이루기 위한 수단에 불과하기 때문이니까요.

그렇다면, 제 꿈은 무엇일까요?

제 꿈은 "어차피 안 돼"라는 말을 이 지구상에서 없애는 겁니다.

어릴 때부터 어른들에게 너무나 많이 들어온 "어차피 안 돼." 자신감을 꺾어버리고, 꿈을 빼앗아버리는 "어차피 안 돼." 이 말 한 마디에 수많은 사람들이 꿈을 포기합니다. 그리고 그들은 자신감을 잃고 끝내는 누군가의 자신감을 빼앗는 사람이 돼버리지요. 어쩌면 제 진로 상담 선생님도 그들 중 한 명이었는지 모릅니다.

저는 이 연쇄적인 자신감 박탈의 사슬을 끊고 싶습니다. 다른 사람의 자신감과 가능성을 빼앗지 않는 사회를 만들고 싶습니다. 그래서 저는 홋카이도의 변두리에 있는 작은 회사에서 우주개발에 도전했지요. 로켓이나 인공위성 만들기가 제 꿈은 아닙니다. 단지 '우주개발조차 누구나 할 수 있다'는 사실을 증명하고 싶었습니다.

꿈이란 가능성을 포기하고 지금 내가 할 수 있는 범위 안에서 선택하는 게 결코 아닙니다. 100퍼센트 실현 가능한 것이라면 그건 꿈이 아니지요. 진정한 꿈이란, 미래란, 하고 싶은 일을 어떻게 하면 할 수 있을지 고민하고 일단 시작하는 겁니다. 그것만으로도 목표에 도달할 수가 있지요.

제가 처음 로켓을 쏘아 올리겠다고 했을 때 역시나 "어차피 안 돼"라고 말하는 사람들이 많이 있었습니다. 하지만 저는 로켓을 쏘아 올렸습니다. 저도 할 수 있는 일인데 다른 사람이 안 될 이유가 전혀 없습니다.

저는 늘 어떻게 하면 "어차피 안 돼"라는 말을 이 지구상에서 없앨 수 있을지, 어떻게 하면 "어차피 안 돼"라는 말을 극복하는 사람을 늘릴 수 있을지를 고민합니다. 그래서 최대한 많은 책을 냈지요. 언제 어디에서 읽으셔도 좋습니다. 문득 생각났을 때 꺼내 스윽스윽 책장을 넘기다가 마주친 제 몇 마디가 당신이 간직하고 있던 '하고 싶은 일'과 '좋아하는 일'을 할 수 있도록 하는 데 힘이 됐으면 좋겠습니다.

"어차피 안 돼"라는 말을 극복하는 사람이 한 명이라도 늘어난다면 세상은 지금보다 훨씬 더 좋아질 겁니다. 우리 함께 멋진 미래를 만들어 가봅시다!

Photo History

로 켓 을 쏘 아 올 린 그 날 까 지 의 기 록

우에마쓰전기 중앙에 우뚝 솟은 무중력탑은 이제 홋카이도 아카비라 시의 상징이 되었습니다 . 오른쪽 아래 사진은 아크 프로젝트 (45p) 연구시설 중 아크동입니다 .

기타미 공업대학 시절의 한 컷 . 여기서 배운 항공공학과 유체역학이 이후 비행기 설계나 로켓 엔진을 개발하는 데 초석이 됐습니다 .

어린 시절 운동장에서 . 저는 다들 열심히 체조를 하는데 혼자 멀찌감치 떨어져서 바닥에 그림을 그리던 아이였습니다 .

주력상품인 리사이클 마그네트 . 이 녀석 덕분에 우주개발에 전념할 수 있습니다 .

우에마쓰전기에서 운영하고 있는 로켓 교실 . 실패해도 '다시 하는 법' 을 가르칩니다 .

로켓 발사 실험 준비 중 . 아무리 실패하더라도 저는 포기하지 않았습니다 .

우에마쓰전기 동료들과 함께. 산으로 둘러싸인 거대한 아카비라의 자연을 배경으로 끝없이 펼쳐진 맑고 푸른 하늘을 우리 로켓이 뚫고 날아갑니다.

늘어서 있는 크고 작은 로켓들은 모두 페이퍼 크래프트(종이모형). 로켓 교실에서도
페이퍼 크래프트를 만들지요 . 이 녀석들은 실제로 날아갑니다 .

로켓 개발의 계기를 제공해준 홋카이도 대학
의 나가타 하루노리 교수님과 함께 .

로켓 플레인 사의 부사장인 척과는 '무사도'
이야기로 시간가는 줄 몰랐습니다 .

우리의 로켓은 길이 약 5미터.
고도 3500 미터 밖의 저 하늘
끝까지 약 25 초 만에 도착합
니다 .

꿈을 싣고 날아오른
우리의 로켓

2007년 8월 4일. 마침내 성공한 로
켓 발사의 순간. 로켓이 구름을 뚫었
고, 펑! 펑! 하는 음속을 초월한 소리
만이 들려왔습니다.

제 **1** 장

"어차피 안 돼" 라는 말을
없애자!

과거는 바꿀 수 없습니다.
하지만 미래는 노력으로
얼마든지 바꿀 수 있습니다.

곰곰이 생각해봤더니 선생님이 말한 '현실'이란 과거였습니다.

제가 찾아본 영어 사전에는 '꿈이란 간절히 바라고 노력하면 실현되는 것'이라고 나와 있습니다. 그렇다면 반대로 '노력해도 안 돼'라고 생각한다면 꿈은 이뤄지지 않을지도 모르지요. 저는 중학교 때 진로 상담 선생님께 현실을 직시하라는 말을 들었습니다. 그런데 곰곰이 생각해봤더니 선생님이 말씀하신 현실이란 과거였습니다.

저는 비행기와 로켓이 좋아서 열심히 공부했습니다. 하지만 학교 공부에는 영 흥미가 없어서 성적이 나빴지요. '학교 성적이 안 좋다.' 그것이 당시의 제 현실이었고 또한 과거였습니다. 과거는 바꿀 수가 없죠. 그 바꿀 수 없는 과거 때문에 저는 미래까지도 부정당한 겁니다. 하지만 저는 제가 좋아하는 일을 계속했고, 그것이 능력이 되어 비행기나 로켓을 만드는 일도 할 수 있게 됐지요.

제가 아는 노력하는 사람들은 모두 과거가 아닌 현재와 미래를 이야기합니다. 그러니까 "노력해도 안 돼"라는 말에 져서는 안 됩니다. 미래는 노력으로 얼마든지 바꿀 수 있기 때문이지요.

포기는 언제든지 할 수 있습니다.
언제든 할 수 있으니까
마지막에 하면 되는 겁니다.

포기해버린다면 그 어떤 행운도 후회의 대상이 될 뿐이지요.

제가 로켓을 개발할 수 있었던 건 홋카이도 대학의 나가타 하루노리 교수님 덕분이었습니다. 나가타 선생님께서 고안하신 '폭발하지 않는' 로켓 엔진 실험장으로 저희 회사의 부지를 빌려줄 수 있겠느냐는 것이 모든 일의 시작이었지요. 저는 돈은 제가 전부 낼 테니 함께하고 싶다고 공동개발을 제안했습니다. 그때부터 로켓 개발이 시작된 거죠. 나가타 선생님과의 만남은 '신이 주신 행운'이었습니다.

하지만 만약 제가 중간에 포기했다면 어땠을까요?

설계도조차 없는 세계 최초의 폭발하지 않는 로켓 엔진. 실험 도중에 계속 실패해서 '정말 가능하긴 한 걸까?' 하고 포기하고 싶은 마음이 들 때도 있었지요. 그때 그만뒀더라면 아마 저는 나가타 선생님과의 만남을 후회했을지도 모릅니다. '그 사람만 안 만났더라면…' 하고요.

포기해버린다면 그 어떤 행운도 후회의 대상으로 남게 될 뿐입니다. 그리고 자신의 인생도 아주 어둡게 만들어버리지요.

해본 적 없는 사람은
할 수 없는 이유밖에 가르쳐줄 수 없습니다.

"너 따위가!" "너 따위에게!"라는 말을 들었을 때 저는
"나 따위가!" "나 따위에게!"라고 생각하지 않도록 애썼습니다.

"너 따위가?"라는 말을 처음 들은 것은 중학교 진로 상담 선생님한테서였습니다. 성적도 안 좋았고 제가 노력도 하지 않는 것처럼 보였겠지요. 그런 제가 비행기나 로켓을 만들겠다고 하니 '세상이 그렇게 호락호락한 게 아냐!'라는 부정적인 생각이 드셨을 수도 있습니다. 하지만 선생님께서 주목했던 저의 노력은 학교 성적뿐이었습니다. 제가 집으로 돌아가 했던 노력은 선생님 눈에는 가치가 없었던 거지요.

그때 "평범한 사람은 비행기나 로켓을 만들 수 없다"고 단정 짓는 선생님께 저는 '라이트 형제도 평범한 사람이었지만 노력해서 그렇게 된 거예요'라고 속으로 말했죠. 그 선생님은 로켓의 역사도 모를 뿐더러 항공산업의 '항'자도 모르는 사람이었습니다. 근거도 없는 남의 얘기를 듣고 자신의 미래를 포기해버리는 것은 어리석은 짓입니다. 가능한 방법을 가르쳐 줄 수 있는 사람은 해본 사람밖에 없습니다. 직접 해본 사람을 찾아가야 합니다. 그리고 그때 해야 할 질문은 "저는 이렇게 생각해봤는데 어떻게 생각하세요?"입니다.

성공하기 위한 비결은
성공할 때까지 하는 것입니다.

성공의 보증수표는 바로 자신입니다. 성공할 때까지 노력하면 성공은
보장되는 거죠. 남은 것은 그 사실을 스스로에게 각인시키는 작업입니다.

로켓 발사에 성공한 것은 2007년 8월이었습니다. 길이 5미터의 로켓을 고도 3500미터까지 쏘아 올렸지요. 하지만 그렇게 되기까지 몇 번이나 실패를 거듭했습니다.

저희들이 사용하고 있는 로켓 연료는 쇼핑백 소재로도 사용되는 폴리에틸렌인데 일반적으로 사용하는 액체 연료에 비하면 규모는 훨씬 작지만 실패하면 폭발하고 말지요. 처음 폭발하는 걸 봤을 때는 그저 아연실색했습니다. 그리고 그 과정을 6번 정도 반복하자 실험 자체가 하기 싫어졌지요.

그런 순간에 해야 할 가장 중요한 일은 끊임없이 반복하는 것입니다. 저는 무슨 일이 있어도 포기하지 않겠다고 스스로에게 다짐했지요. 그때 필요한 노력은 방법을 이렇게도 바꿔보고, 저렇게도 바꿔보고, 재료 자체도 바꿔보면서 '보다 나은' 것을 찾아 시도하는 겁니다.

꿈은 이뤄질 때까지 계속 도전하면 반드시 이뤄집니다. 그것은 마치 아주 먼 곳으로 산책을 가는 것과 같습니다. '멀어서 안 돼'라고 생각하면 못 갑니다. 하지만 믿고 계속 걸어가다 보면 언젠가는 반드시 도착하게 됩니다.

‘그 사람은 타고났으니까’라고
생각하는 건 쉽습니다.
하지만 그건 게으른 사람들의
정당화에 불과합니다.

사카모토 료마는 몇 명입니까? 한 명이지요. 에디슨도 한 명입니다.
역사는 한 명의 개인들이 바꿔왔습니다.

'세계 최고'가 되는 방법은 간단합니다. '세계 최초'의 일을 하면 되지요. 아직 누구도 하지 못한 일을 하면 그게 세계 최고입니다. 1926년에 미국에서 처음으로 액체 연료 로켓을 발사한 사람은 로버트 고더드*라고 하는 개인이었습니다. 그리고 일본이 우주 개발을 시작한 것도 1955년에 이토카와 히데오** 교수가 연필만 한 크기의 펜슬로켓을 개발하면서부터였지요. 세계 최초를 만들어온 것은 늘 단 한 사람의 꿈이었습니다. 이토카와 씨도 고더드 씨도 그리고 사카모토 료마***도 에디슨도 모두 한 사람이지요. 단 한 명이 역사를 바꿔온 겁니다.

"그 사람은 천재고, 특별한 사람이니까"라고 말하는 사람들도 있습니다. 하지만 정말 그런 걸까요. 그들은 그저 '누구도 해본 적 없는 일을 하고 싶어 했던 사람'이었을 뿐입니다. 그리고 '포기하지 않았던 사람'이었지요. 무에서 유를 창조하는 사람들은 항상 그런 사람들입니다. '천재'라는 평계는 비겁한 변명이라고 생각합니다.

---

* 20세기 초반에 활약한 미국의 로켓 연구가. 세계 최초로 액체 연료 로켓을 발사했으며 로켓공학에 큰 공헌을 했으나 살아생전에는 그 위업을 평가 받지 못했다.

** 20세기 중반에 활약한 일본의 공학자. 펜슬로켓을 개발했으며 '일본의 우주 개발 · 로켓 개발의 아버지'로 불린다.

*** 일본 에도시대의 무사로, 일본의 근대화를 이끈 중요한 인물-옮긴이.

모르면 찾아보면 됩니다.
틀리면 고치면 되고요.
그러면 되는 겁니다.

무책임한 사람들의 말을 들어서는 안 됩니다.

어떤 도전도, 꿈도, 아이디어도, 새로운 제안도 전부 "그건 안 돼"라는 말로 부정당하는 경우가 있습니다. 그런 말을 하는 무책임한 사람들은 두 종류지요.

하나는 모른다는 사실을 부끄러워하는 타입의 사람들인데, 이런 사람들은 아는 척을 합니다.

또 다른 타입은 틀렸다는 사실을 부끄러워하는 종류의 사람들인데, 이런 사람들은 자신이 틀렸다는 사실을 인정하지 않고 "내가 맞다"고 끝까지 우기죠.

하지만 이 두 타입의 공통점은 결국에는 "지금 이대로 가자"는 결론을 내린다는 사실입니다. 아니 어쩌면 그들은 애초부터 그렇게 정해놓고 있었는지도 모르지요. 아무리 논의를 거듭해도 최종결론이 '현상유지'라면 논의 그 자체가 무슨 의미가 있을까요. 모르는 것은 알고 싶어 해야 합니다. 틀리면 다시 한 번 해보면 되고요. 그래야 문제가 해결됩니다.

꿈을 찾기 위해서는 감동이 필요합니다.
'감동'을 알파벳으로 쓰면 'can do'하면 됩니다.

저는 아이들의 감동을 지켜 나가고자 로켓 교실을 운영하고 있습니다.

꿈을 찾기 어려운 시대라고들 합니다. 하지만, 아니, 그렇기 때문에 처음 마주하는 것들에 대해 '우와! 멋지다! 나도 해보고 싶어!'라고 감동하는 게 중요하다고 생각합니다. 바로 여기에서부터 꿈은 시작되니까요.

'감동(칸도)*'이라는 말을 알파벳으로 써놓고 보니 그 말 안에 숨겨진 엄청난 비밀을 발견했습니다. 그것은 바로 'can do'. 무엇인가에 '우와! 멋지다!'라고 감동해서 발견하게 된 나의 꿈. 그것은 'can do' 하면 됩니다. 말장난 같아 죄송합니다. 하지만 저의 진심입니다. 꿈을 가진다는 건 정말 중요합니다. 꿈은 지금 현재 내 손이 닿지 않는 '그곳'으로 향하는 내 마음입니다. 노력의 근원이 되지요. 향상심의 원천이고요.

그 시작이 바로 '감동'입니다. 거기서 찾아낸 꿈을 '할 수 있다'는 생각으로 절대 포기하지 않고 계속 노력한다면 반드시 이뤄집니다. 그리고 지금이야말로 어른들이 자신의 꿈에 대해서 진지하게 생각해야 할 때입니다.

---

* 감동(感動)을 일본어로 '칸도'라고 읽는다. 할 수 있다는 의미의 'can do'를 소리 나는 대로 읽으면 '칸도'로 발음이 같다-옮긴이.

'안 될지도 몰라'와 '될지도 몰라'의
확률은 반반입니다.

그렇다면 '된다'고 생각하는 게 훨씬 즐겁습니다.

당신의 꿈에 대해 주변사람들이 "그건 안 될 것 같은데"라고 말할지도 모릅니다. 하지만 그 말은 "될지도 몰라"와 같은 뜻이죠. 확률은 50대 50. 그렇다면 '될지도 몰라'라고 생각하는 게 훨씬 즐겁지 않을까요?

저는 '될지도 몰라'라고 생각하는 사람들을 늘려가고 싶습니다. 꿈이라는 녀석은 한 번 포기하는 법을 배우면 그 뒤는 계속 똑같이 따라하니까요. 그래서 꿈이 다시 생기더라도 똑같은 이유로 포기해버리지요.

그래서 저는 어린 시절 누구나 한번쯤 꿈꿨던 우주 개발을 계속함으로써 이 지구상에서 포기해야 할 이유를 없애나가고자 합니다. '홋카이도 아주 작은 마을에 있는 조그만 회사도 우주 개발을 할 정도인데 나라고 안 될 이유가 없지'라고 생각하는 사람들이 늘어난다면 이 세상도 조금씩 나아질 겁니다.

"어차피 안 돼"라거나
"어차피 안 될 거야"라고 말하는 사람에게
엄중한 벌을 내리세요.
그 벌은 '어떻게 하면 될까'라고
생각하는 것입니다.

"어차피 안 돼" 금지령을 직장과 가정에 내리길 바랍니다.

저는 로빈슨 크루소* 이야기를 참 좋아합니다. 거기에는 역경을 극복하기 위해 '이렇게 해보면 어떨까?'라는 제안이 잔뜩 나와 있기 때문이죠. 그리고 위인전도 참 좋아합니다. 왜냐하면 위인전에는 포기하는 방법 따위는 나와 있지 않거든요. '이렇게 해보면 어때?'만 나와 있죠. 그래서 저는 어릴 적부터 불가능한 일을 만났을 때 어떻게 하면 가능할지 고민하는 습관이 몸에 배어 있습니다.

"어차피 안 돼"라고 말하는 사람들은 아마 경험치가 낮거나 해본 적 없는 것들 투성이인 사람들일 겁니다. 혹시라도 "어차피 안 돼"라는 말을 듣거나 자기 마음속에서 그런 생각이 스물스물 올라오려 할 때는 온 힘을 다해 가능한 방법을 찾아내려고 애써야 합니다. "어차피 안 돼"라고 말하는 상대에게도 가능한 방법을 생각해달라고 말합시다. 누군가에게 "그만둬!" "무리야!"라는 말을 들었다고 해서 "아, 그런가요" 하고 포기해버리면 내 인생은 그 누군가의 것이 돼버리는 거니까요. 하지만 그 누군가는 절대로 내 인생을 책임져주지 않습니다.

---

* 18세기 초 발표된 영국소설. 폭풍우를 만나 무인도에 표류한 선원 로빈슨 크루소의 다양하고 창의적인 아이디어가 빛나는 무인도 생존기.

아무도 믿어주지 않는 그 순간부터
'그래, 이제부터 유일한 승자가 되는 거다'라고
생각하면 되는 겁니다.

이해 가능한 가치는 모두가 이미 알고 있다는 뜻입니다.
그건 지나가버린 과거의 것이죠.

자신의 이상을 좇다 보면 반드시 외로워집니다. 그래도 괜찮습니다. 유일한 승자가 되기 위한 최대의 조건은 '아무도 믿어주지 않지만 나는 믿는다'이기 때문이죠. 누구나 이해할 수 있는 가치는 기정사실이라는 뜻입니다. 그것은 이미 과거의 것이지요. 진정으로 가치가 있는 것은 미지의 사실입니다. 어떻게 될지 아무도 알 수 없는 기대와 가능성이죠.

아무도 믿어주지 않는다면 그때부터가 유일한 승자가 되는 시작점입니다. 마케팅도 과거의 데이터도 없습니다. 누구 하나 가르쳐주는 사람도 없습니다. 이때 필요한 것은 믿는 것, 포기하지 않는 것, 계속 궁리하는 것입니다. 미지의 세계에 뛰어드는 사람만이 유일한 승자가 될 수 있습니다. "우주 개발 같은 거는 아무나 할 수 있으니까 다른 것도 뭐든 가능해. 그러니까 한 번 해봐"라고 말하는 제 얘기를 듣고 미지의 세계에 뛰어드는 사람이 한 사람이라도 더 늘어났으면 좋겠습니다.

'누가 해주겠지' 하면 이뤄지지 않습니다.
'내가 하면' 이뤄집니다.

중요한 것은 '자, 이제 어떻게 해볼까?'입니다.

제가 살고 있는 홋카이도의 아카비라 시는 옛날에는 석탄을 캐는 곳이었습니다. 그런데 지금은 석탄을 캐지 않습니다. 6만 명이었던 인구는 1만 1천 명 정도까지 줄어서 심각한 과소화를 겪고 있지요. 불경기가 심하고 일자리도 거의 없습니다. 여기서 중요한 포인트는 과소화니까, 고령화니까, 불경기니까…. '자, 이제 어떻게 할까?'입니다.

저는 정년 퇴직한 기술자들에게 아카비라 시로 이주해 올 것을 부탁해서 독자적인 발명과 연구를 해달라고 할 계획입니다. 그러기 위해서 필요한 자본은 저희들이 가지고 있고요. 아마도 기술자라면 평생 새로운 것들을 만들어내고 싶어 할 겁니다.

그런 사람들이 모여서 뭐든지 만들어내는 팩토리 시티. 그리고 그들이 선생님이 되어 아이들을 가르친다면 그들의 경험과 인맥이 더 큰 기적을 만들어내겠지요. 저는 이런 것들을 '누가 해주겠지' 하고 바라지 않습니다. '내가 하자'고 생각합니다. 내가 하면 반드시 이뤄질 테니까요.

미래란, 결코
현재 생각하는 어딘가에 있는 것이 아닙니다.
미래는 진화된 미지의 그곳 어딘가에 있습니다.

이 지역에 머지않아 현재의 건축비용 십분의 일로 살 수 있는 주택과
현재의 식비 절반으로 먹고살면서
교육비 제로로 배울 수 있는 마을이 생겨날 겁니다.

'어차피 안 돼'라는 생각을 없애기 위해서는 어른들이 주택 담보대출과 교육비 부담으로부터 해방돼야 합니다. 집값과 아이들 교육비 걱정을 하지 않게 된다면 살아가는 게 훨씬 편해지겠지요. 그런 사회를 실현하기 위해 우에마쓰전기는 2009년부터 '아크 프로젝트'를 실시하고 있습니다.

우선 공장 옆에 있는 4만 평 정도의 땅을 구입해서 프로젝트 연구시설인 '아크동'을 만들고 진공기술을 이용한 에너지 절약과 프리즈 드라이 장치를 이용해 식품 냉동기술이나 건조기술을 향상시키는 연구를 하고 있습니다. 이 프로젝트의 테마는 '주택비용을 지금의 십분의 일로, 식비를 절반으로, 교육비를 제로로 만들자'입니다. 그리고 마침내는 아카비라에 현재 건축비용 십분의 일의 주택들이 늘어서도록 만들 겁니다. '말도 안 된다'고 생각하면 아무것도 바뀌지 않습니다. '어떻게 하면 가능할까' 하고 생각하는 순간 미래가 시작됩니다.

우주 개발은 인간을
엄청나게 성장시켜주는 분야입니다.

우주를 테마로 한 기숙사를 운영하는 느낌이에요.
맞습니다, 아카비라 우주 기숙사.

아크동에서는 저희들이 하고 있는 연구 개발의 견학과 모의체험이 가능합니다. 50명 정도 수용할 수 있는 홀을 무료로 빌려주고 있으며, 저희 회사를 찾은 사람들이 숙박할 수 있는 작은 방도 있지요. 또한 아크동은 마을 사람들이 모이는 교실 역할도 하고 있습니다.

우주 개발은 더 높이, 더 빨리, 더 멀리. 즉, 항상 '더'를 추구하는 세계입니다. 논리적인 사고를 단련시켜주고 포기하지 않는 자세를 배우게 하며 꿈도 심어주지요. 그리하여 지금보다 더 나은 사람이 되도록 성장시켜줍니다.

실제로 처음에는 조용히 작업을 지켜보기만 하던 직원들도 '펑' 하는 로켓 엔진 소리와 아름다운 불꽃을 보는 순간 눈빛이 변했습니다. 그리고 특이한 곳에서도 수주를 받아오기 시작하더군요. 예를 들면 우리 회사의 전문 분야도 아닌 농업기계나 의료기계의 개발 의뢰 같은 것을 자꾸자꾸 받아옵니다. 이는 분명 로켓 개발을 하고 있는 덕분이겠지요. 그래서 저는 비즈니스로서가 아니라 여기 아카비라 시에서 우주를 테마로 한 기숙사를 운영하고 있습니다.

남을 이용해서
자기 실속을 차리는 사람들에게 지지 말자!

직접 해본 적 있는 사람과 친해집시다. 그런 만남의 기회를 만듭시다.
그리고 그러한 기회는 빨리 만들수록 좋습니다.

직접 해본 적도 없으면서 남의 노력과 경험을 빌려 상대를 부정하는 사람들이 의외로 많습니다.

제가 초등학교 때였습니다. 람보르기니 카운타크*를 보고 반한 제가 람보르기니의 문 열리는 모습이 진짜 멋지다고 얘기하자, 한 친구가 "아니야, 페라리가 훨씬 멋져"라고 하더군요. 그 친구는 슈퍼카의 스펙에 대해 잘 알고 있는 친구였는데 스펙상으로 카운타크가 진 모양입니다. 아무리 좋다고 설명해도 부정당하는 게 너무 슬펐지요. 그때 그 친구에게 느낀 건 '네가 페라리를 만든 것도 아니면서!'였습니다. '왜 다른 사람이 만든 걸 가지고 내가 좋아하는 걸 부정하는 거야?'라고요.

이런 일은 지금도 비일비재합니다. 하지만 자신은 해본 적도 없으면서 부정적인 이야기를 하는 사람들의 말을 들을 필요는 없습니다. 아니 대체 왜 그런 사람들의 아무 영양가 없는 말을 들어야 합니까? 마음 단단히 먹고 해본 적 있는 사람과 친하게 지냅시다.

---

* 1971년에 발표된 이탈리아의 자동차회사 람보르기니의 슈퍼카. 최고시속 300km/h라는 공식수치와 미래형 디자인, 날개가 위로 돋치는 듯한 도어의 구조 등 모든 게 참신해서 일본의 슈퍼카 붐에 불을 붙였다.

제 사인은 메시지 카드입니다

제 사인 가운데에는 '생각하는 대로 이루어진다'라는 말이 써 있습니다. 그 위에는 'can do!'가 있고요. '감동'을 알파벳으로 쓰면 'can do'. 감동 받으면 꿈을 발견하게 되고, 그 꿈은 반드시 이루어집니다, 라는 이야기는 앞에서도 했습니다. 실은 'can do'는 NASA의 문에도 새겨져 있습니다. 'Dream can do, Reality can do'라는 글로, '꿈꿀 수 있다면 그것은 현실이 된다'라는 의미입니다.

제 어머니가 가르쳐주신 '생각하는 대로 이루어진다'는 말과 같은 의미죠. 그리고 한쪽에는 작은 로켓이 그려져 있습니다. 이 로켓은 작은 별을 향해 날아가고 있지요. '이상을 좇아

날아가다 보면 혼자가 될지도 몰라. 하지만 외로워도 끝까지 포기하지 않고 날아가다 보면 반드시 그 별에 도착할 거야. 그 별에는 너처럼 날아온 친구들이 기다리고 있단다. 그러니까

외로움에 지지 않기를 바란다'는 마음을 담고 있습니다. 그리고 또 다른 한쪽에는 제 이름이 자그마하게 쓰여져 있습니다. 즉, 제 사인은 제가 전달하고 싶은 내용을 압축한 메시지 카드입니다.

제 2 장

'보다 더'가 인간을
성장시킨다

몰랐던 사실을 알게 되는 것은 멋진 일입니다.
새로움과 놀라움으로 가득 차 있지요.
'wonder'가 가득 차면
'wonderful'이 되지 않습니까.

저는 "유레카!"의 기쁨을 알고 있습니다.

요즘 로켓을 공부하는 대학생 중에는 "그건 제 전공이 아니라서요"라는 한 마디로 더 이상 생각하려 하지 않는 학생들이 많은 것 같습니다. 비슷한 예로 "저는 문과라서 몰라요." "저는 이과라서 안 배웠어요"라고 말하는 경우가 있죠. 하지만 세상에는 모르는 것들로 가득 차 있습니다. 이 세상의 모든 것을 다 아는 건 불가능하지요.

이런 세상에 살면서 자신의 지식이 부족하다는 걸 부끄러워할 필요는 조금도 없습니다. 어차피 다 알 수 없으니까요. 누구에게나 모르는 것은 있기 마련입니다. 몰랐던 사실을 알게 되는 것. 불가능했던 일이 가능해지는 것. 그것은 기쁨입니다.

자신을 방어하기 위해서, 창피를 당하지 않기 위해서 "몰라요"라고 변명하는 건 참 안타까운 일입니다. "유레카!(알아냈다는 의미)"는 기쁨의 탄성입니다. 그 맛을 모르는 채로 살아간다는 건 정말 슬픈 일입니다.

초등학생 때는 여러 '박사'가 있었습니다.
제 경우는 종이비행기 박사였지요.
어른이 되면서 다들 '박사'를 그만뒀지만
저는 그만두지 않았습니다.

박사는 중학생이 되어보니 바보의 대명사였습니다.

저는 어릴 때부터 하늘을 나는 것들이 너무 좋았습니다. 나뭇잎도 좋았고 새도 좋았습니다. 종이비행기를 제 나름대로 궁리해서 누구보다 멀리 날렸습니다. 그래서 반 친구들에게 "종이비행기는 우에마쓰한테 물어봐"라는 말을 들었지요. 네, 저는 '종이비행기 박사'였습니다. 저 말고도 초등학교에는 벌레 박사, 괴물 박사, 역사 박사 등 박사가 많이 있었습니다. 그런데 중학교에 올라가자 박사는 바보의 대명사가 돼 있었습니다.

그래서 모두들 박사를 그만뒀지만 저는 그만둘 수 없었습니다. 너무나 좋아했으니까요. 좋아하는 비행기만 팠기 때문에 중학교 때도 성적은 좋지 않았습니다. 고등학교에서도 "시험에 안 나오니까 소용없다"는 말을 들으면서도 비행기와 로켓 연구를 계속 했지요. 하지만 대학에 가보니 전공과목인 유체역학은 그 동안 계속 혼자서 공부했던 바로 그것이었습니다.

"소용없다"는 말을 들었던 것들은 사실 대학 수준의 학문이었던 거죠. 소용없었던 것은 하나도 없었습니다.

평생 실패할 각오가 돼 있다면
사람은 평생 성장할 수 있습니다.

실패했을 때는 '그래, 그렇게 나왔단 말이지' 하며
입가에 묻은 피를 스윽 닦으며 씨익 웃어주는 겁니다.

"실패하면 어떡해!"라는 말은 아이들을 실패로부터 도망치게 만듭니다. 그리고 그 아이의 성장을 멈춰버리게 만들지요. 아이가 처음 걷기 시작할 때 "아직 제대로 못 걸으니까 앉아 있어!"라고 말하는 사람은 없을 겁니다. 넘어져도 괜찮도록 주변에 있는 위험한 물건을 치워주면서 지켜봐주지요. 그런데 왜 어느 순간부터는 그렇게 해주지 않는 걸까요? 계속 지켜봐주면 좋을 텐데요.

어른도 마찬가지입니다. 물론 자신이 지금 가지고 있는 능력 안에서 미래를 선택한다면 실패는 할 일이 거의 없겠지요. 하지만 성장도 없을 겁니다. 지금보다 성장하기 위해서는 자신의 능력으로 불가능한 데까지 손을 뻗는 노력이 필요합니다.

사람은 평생 성장할 수 있습니다. 그러기 위해서는 평생 실패해야 합니다. 그 실패를 '안 돼'라고 생각하는 순간 성장은 멈춥니다. 실패를 두려워하지 않으려면 실패할 때마다 '그래, 그렇게 나왔단 말이지' 하고 입가에 묻은 피를 닦아내며 씨익 웃어주면 됩니다.

'몰라요'를 '패스'처럼 사용한다면
생각은 분명히 멈출 겁니다.

'모른다'는 사실은 단지 '현재의 상태'를 나타내는 말에 불과합니다.

저는 어릴 때 수업시간에 자주 "몰라요"라고 대답했습니다. 그 편이 틀리는 것보다 낫다고 생각했기 때문이죠. '모른다'는 일종의 '패스' 같은 것인 줄만 알았습니다. '모른다'고 하면 경쟁에서 제외됐으니까요. 그 뒤로 저는 점점 더 생각하지 않게 되었습니다.

그래서 저는 위기에 부딪혔을 때 '모르겠다'는 생각을 머릿속에서 떨쳐내기 위해 애씁니다. '모른다'라는 사실은 단순히 '현재의 상태'를 나타내는 말에 불과하니까요. 사실 우리는 생각을 해야 하는데 모르겠다는 말로 현재 상태를 스스로 확인만 하고 있는 경우가 많습니다. 그건 시간낭비지요. 그래서, 그러니까, 모르는 사람한테는 가르쳐줘야 합니다. 알 수 있는 기회를 줘야 합니다. "이런 것도 몰라?" 하면서 무시해서는 안 됩니다. 당신도 모르는 게 있지 않습니까?

시간은 때우는 것이 아닙니다.
시간이 나면 배워야 합니다.

스쿨의 어원은 그리스어인 '스콜레'로, '여유'라는 뜻입니다.

"한가해" "지루해" "뭐, 재미있는 일 없나"라는 말을 들을 때가 있는데, 저는 그게 어떤 기분인지 잘 모르겠습니다. 왜냐하면 제 주변에는 재미있는 것들로 가득한데다 늘 시간이 없어서 문제니까요. 그래서 저는 시간이 필요합니다. 하지만 누군가로부터 서비스를 받아야만 즐거움을 느끼는 사람은 즐거움을 얻기 위해 늘 돈이 필요하겠지요. 그리고 필요한 돈을 벌기 위해 자신의 시간을 다 써버려야 할지도 모릅니다.

스쿨의 어원은 그리스어인 '스콜레'인데, '여유'라는 뜻입니다. 여유가 있으니 배울 수 있다는 의미인지도 모르지요. 먹고살기 위해 일만 했던 게 아니라 시간을 만들어서 배우는 것의 중요성을 고대 그리스인들은 이미 알고 있었던 것 같습니다. 시간은 때워서는 안 됩니다. 시간이 나면 배워야 합니다.

편하게 살면 무능해집니다.

'편함(楽)'과 '즐기다(楽しむ)'는 같은 한자를 쓰지만
의미는 전혀 다릅니다.

저는 지금까지 편한 적이 없었습니다. 늘 힘들었지요. 하지만 고민하는 시간을 많이 가졌기 때문에 사고력이 향상됐고, 여러 경험을 해왔기 때문에 다양한 일을 할 수 있게 됐습니다. 고생스런 와중에도 재미를 발견해서 즐기며 살아왔고요. '편함(樂)'과 '즐기다(樂しむ)'는 같은 한자를 쓰지만 의미는 전혀 다릅니다.

편함을 추구해서는 안 됩니다. 왜냐하면 편하게 살다 보면 무능해지기 때문이지요. 운동도 힘든 훈련을 해야 실력 향상이 되듯이 인생도 그렇습니다. '편함'을 추구하다 보면 원하는 능력을 얻을 수 없지요. 그렇기 때문에 역경에 맞서 싸워야 합니다. 스스로에게 압박을 줘야 합니다.

인생은 한 번뿐이지 않습니까? 이 한 번뿐인 인생을 아무 것도 하지 않고 살 것인가! 아니면 다양한 경험을 쌓아가며 살 것인가! 어떤 삶이 풍요로울지는 자명합니다. 선택이 어려울 때는 혹시 내가 '편한 것'을 선택하고 있지는 않나 생각해보기 바랍니다.

넘버원도 온리원도
다들 노력하고 있습니다.

꽃집 앞에 늘어서기 전까지
얼마나 많은 꽃들 중에서 선택 받은 걸까요.

예전에 〈세상에 하나뿐인 꽃世界に一つだけの花〉이라는 노래가 유행한 적이 있습니다. 꽃집 앞에 늘어서 있는 꽃들은 모두 아름답고 온리원이니까 경쟁하지 않아도 된다면서요. 편하게 살고 싶은 사람들은 이 노래를 듣고 마음이 가벼워졌을지도 모릅니다. "넘버원이 아니어도 좋아"라며 애쓰고 노력하지 않아도 된다고 했으니까요.

　　하지만 이 노래에는 한 가지 시점이 빠져 있습니다. 꽃집 앞에 늘어서기 전에 그 꽃들은 엄청나게 많은 꽃들 중에서 선택 받았다는 사실이죠. 꽃집 앞을 장식한다는 것은 엄청난 노력의 결과인 겁니다. 이 노래를 부른 인기 그룹 SMAP 멤버들도 보통 사람들보다 훨씬 많은 노력을 했기 때문에 온리원이 될 수 있었던 거고요. 넘버원도 온리원도 노력이 필요합니다. 가사 그대로 믿었다가는 정작 필요한 노력의 중요성을 깨닫지 못하게 될 수도 있습니다.

인생은 유한하며 한 번뿐입니다.
그러한 인생의 정답을 알고
최단거리로 주파해버린들
아무 재미도 없을 겁니다.

저는 '슈퍼마리오'입니다.
온갖 장소에서 점프를 하고 온갖 벽돌을 깨부숴왔지요.

저는 어릴 때부터 아버지가 운영하는 수리공장 일을 도왔습니다. 그래서 용접이나 가스절단을 할 수 있게 됐고, 만지기만 해도 나사 크기를 맞출 수 있게 됐지요. 사회에 진출해서는 이것이 꽤 큰 도움이 되고 있습니다. 물론 어릴 때 배웠던 일이 밥벌이가 되는 건 아니지만, 그게 가능했기 때문에 다른 것들도 할 수 있게 돼서 먹고살고 있습니다.

인간의 능력이란 살아가는 동안 사용한 시간을 통해 얻은 경험의 총합입니다. 최대한 많은 경험을 하면 그 조합이 엄청난 변수로 다양해져 같은 경험을 한 사람들을 줄여나가게 되고, 그것이 각자의 진정한 개성이 되는 거죠. 같은 물건이 많으면 어떤 것을 골라야 할지 몰라서 더 싼 것을 고르게 되지 않습니까? 하지만 조금만 달라 보여도 선택 받기 쉽습니다.

그래서 인생 경험을 늘리는 것은 대단히 중요합니다. 인생은 유한하며 단 한 번뿐이니까요. 한 번밖에 없기 때문에 수많은 도전을 하면서, 먼 길을 돌아가기도 하며 살아가는 게 더 즐겁지 않나 생각해봅니다.

"인기가 없는 게 아니라
인기 있고 싶지 않은 거다!"는
가라스야 사토시의 만화 제목입니다.

제 인생을 돌아보니
'나도 그랬던 적이 있었지'라는 생각이 듭니다.

여자에게 관심도 많고 여자친구를 만들고는 싶지만 자신이 먼저 다가갈 용기는 없고…. 외모에도 자신이 없어서 인기가 없는 자신을 스스로 방어하기 위해 "연애를 못하는 게 아니라 안 하는 거다!"라고 말하는 사람들이 있습니다. 하지만 이렇게 말하는 사람들이 다른 상황에서도 적지 않은 것 같습니다.

잘 모르면 모른다는 사실이 부끄러워서 "그런 건 몰라도 돼"라고 괜히 삐딱해지거나, 누가 어떤 일을 한다고 하면 괜히 부러워서 "여유가 있어서 참 좋네. 나는 그럴 시간이 없는데" 하고 넘겨버리는 경우를 들 수 있지요. '부끄럽다'든지 '부럽다'는 감정을 숨기려면 부정하는 것 외에는 방법이 없는지도 모릅니다.

이제부터는 솔직하게 말해보는 건 어떨까요? "와, 나도 인기 있었으면 좋겠다", "아아, 나는 몰랐는데", "우와, 부럽다, 야!" 등등. 그러면 조금 더 편안하게 살아갈 수 있을지도 모릅니다.

나보다 잘났다고 생각하는 사람과
자신을 비교해서
스스로 못났다고 생각하는 것은
참 무의미한 일입니다.

비교한다고 이길 수 있는 게 아니니까요.

'노력'이라는 단어가 무척 구체적이 되는 순간이 있지요. 바로 '노력해도 소용없다'고 생각할 때입니다. 특히 '저 사람은 저렇게 할 수 있는데 나는 이것밖에 못하네'라고 생각할 때죠. 자신보다 뛰어나 보이는 사람과 자신을 비교해서 스스로 부족하다고 생각하는 건 무의미한 일입니다. 그것은 자긍심의 정반대인 감정으로, 열등감을 증폭시켜서 현재보다 더 나은 자신을 추구하지 못하게 만듭니다.

그렇다고 나보다 부족해 보이는 사람과 비교하며 안심해서도 안 됩니다. 왜냐하면 지금보다 뒤떨어진 사람이 돼버리기 때문이죠. 중요한 것은 현재 자신이 가지고 있는 능력과 남을 비교할 것이 아니라 현재 자신이 갖고 있는 능력을 더 늘리는 데 시간을 사용해야 한다는 겁니다.

재능에 우열은 없습니다. 조금 더 잘하면 다행인 거지요. 그리고 그 조금 더 잘하는 일을 늘려나가는 것만으로 '나 따위' 같은 부정적인 감정에서 벗어날 수 있습니다.

부족한 것을 탓하기보다
가지고 있는 것을 기뻐합시다.

자신의 능력 향상에 시간과 돈을 투자하지 않는 사람은
늘 부족한 것을 한탄하기만 합니다.

저는 부족한 게 많은 사람입니다. 스타일 좋은 몸이나 잘생긴 얼굴 그리고, 풍성한 머리카락 등등 갖고 싶은 게 엄청 많지요. 하지만 제게는 저를 잘 따르는 아이들이 있습니다. 감상문에 제 얼굴을 그려주는 아이도 있고요. 마주치면 말을 걸어주는 아이도 있으니 '뭐, 이 정도면 충분하지' 하고 만족하고 삽니다. 제 몸도 더위나 추위에 강하고 의외로 파워풀해서 무리를 좀 해도 잘 버텨주니 꽤 마음에 듭니다. 그러니 저는 불행하지 않습니다.

제 경험에 의하면 돈이 없다고 투덜대는 사람 대부분이 쓸데없는 데 돈을 쓰고 자주 차를 바꾸거나 터무니없이 비싼 명품 지갑이나 시계만을 고집하는 걸 봤습니다. 그러면서 돈이 없다고 푸념하지요. 만약 불행하다고 느끼는 이유가 '부족함' 때문이라면 불행의 늪에 빠져 있는 건지도 모릅니다.

현재 내가 가지고 있는 능력으로 무엇이 가능한지를 생각하는 것. 더 나아가서는 그 능력을 어떻게 더 키워나갈지 생각하는 것. 이것만으로도 불행한 감정은 조금씩 사라질 겁니다.

진짜 퇴화는 변하지 않는 거라고 합니다.

'못 해먹겠네!'라고 하는 사람은 직장을 잃어버릴지도 모릅니다.

모 기업이 의뢰해서 직원들을 대상으로 페이퍼 크래프트를 만든 적이 있습니다. 50대 아저씨들이 갑자기 해본 적도 없는 일을 하게 된 거지요. 다들 고생들이 많았죠. 지켜보고 있던 그 회사의 CEO가 "못 해먹겠네!"라고 할 사람이 누군지 딱 봐도 알겠지요" 하고 제게 말하는 겁니다. 그 말을 듣고 보니 전혀 의욕이 없어 보이는 사람도 보이고, 반대로 제대로 안 되면 다시 만드는 사람도 보였습니다.

환경변화에 빨리 적응한 생명체가 살아남았다는 사실을 우리는 잘 알고 있습니다. 생물에게 있어서 퇴화는 존재하지 않는다고 하는군요. 예를 들면 깊은 바닷속에 사는 물고기의 눈은 퇴화된 거라고 표현하는 경우가 있는데, 이는 퇴화가 아니라 진화라고 합니다. 우리들은 심플해지거나 작아지면 퇴화라고 생각하기 쉬운데 그것은 환경에 맞게 최적화된 것으로, 진짜 퇴화는 오히려 변화하지 않는 거라고 합니다.

앞으로 다가올 시대는 사회도 회사도 지금과는 다르게 변해갈 겁니다. "못 해먹겠네!"라고 말하는 사람은 변화에 따라가지 못하고 직장을 잃어버릴지도 모릅니다.

고르고13*은 한 발로 명중시키지만
그도 다른 데서 사전 조준을 합니다.

첫 번째 총알의 실패는 수정을 위한 데이터입니다.
두 번째 총알로 타겟을 명중시킵시다.

저는 에어소프트건(비비탄총)을 좋아합니다. 플라스틱 탄을 발사하는데 요즘 나오는 에어건은 성능이 아주 좋아서 10미터 정도 거리에서 작은 동전 정도는 가뿐히 명중시킬 수 있지요. 하지만 갑자기 쏘면 맞힐 수가 없습니다. 영점조절이라는 작업이 필요하죠. 우선은 과녁을 설치하고 중앙을 향해서 3발을 쏩니다. 그러면 처음에 대부분은 중심을 벗어나지요. 그럼 맞힌 3발의 중앙에 조준기가 오도록 조정을 합니다. 이런 작업을 몇 번 거치면 조준기가 겨냥한 곳에 총알을 명중시킬 수 있지요.

아무리 성능이 좋은 총이라도 갑자기 한번에 명중시키기란 불가능합니다. 첫 번째 총알은 빗나가죠. 그러면 빗나간 총알의 위치를 보고 다시 조정해서 두 번째 총알로 명중시키는 겁니다. 고르고 13은 보통 한 방에 명중시키지만 사실은 그도 역시 사전에 다른 장소에서 조준기로 조정을 했던 겁니다. 갑자기 쏴서 빗나갔다고 절망할 필요는 없습니다. 조준기로 조정하는 과정은 반드시 거쳐야 하니까요.

---

* 전 세계를 무대로 활약하는 프로 저격수를 그린 성인 취향의 액션 만화로, 일본 만화 역대 판매량 2위를 기록하고 있다.

‘노력’이라는 단어에 너무 집착하지 마세요.
노력은 그냥 해버리는 거니까요.

어쩌면 '노력'이란 '더 잘해보자'는 행위의 총칭일지도 모릅니다.

제 이름은 '쓰토무(노력)'입니다. 어렸을 때는 이런 제 이름이 싫었지요. 왜냐면 초등학교 때 유행했던 노래가 〈야마구치 씨네 집 쓰토무 군〉이어서 친구들이 "우에마쓰 씨네 집 쓰토무 군은 항상 머리가 이상해"로 개사해 놀렸기 때문입니다. 하지만 지금은 제 이름이 참 좋습니다. 예전에 저희 회사 제품 마그네트에 대한 설명을 듣고 나서 마지막에 제 명함을 한참 바라보던 고객이 정말 "이름 그대로 노력의 산물이군요"라고 말씀해주셨는데 정말 기뻤지요.

그런데 '노력'이란 뭘까요? '노력'이라는 단어는 참 애매하고 구체적이지 않은 것 같습니다. 어쩌면 더 잘해보자고 애썼던 모든 행위가 나중에 생각해보니 '노력'이었다는 생각이 드네요. 소용없는 노력은 없지만 너무 '노력'이란 말에 집착하지 않았으면 좋겠습니다. '노력하자'고 작정하고 노력하는 사람은 거의 없겠죠. '노력'이란 의식하고 보니, 이미 하고 있는 것이니까요.

'내가 지금 왜 화를 내고 있지?' 생각해보면
개선해야 할 점이 보일지도 모릅니다.

어떤 말을 듣고 화가 난다면, 이는 스스로가 이미 알고 있으면서도
아무 대책을 세워놓지 않았거나
덮어두고 있던 일이기 때문일 가능성이 높습니다.

회사 경영을 막 시작했던 때에 저는 큰 실패를 맛 봤습니다. 매출도 격감했기 때문에 필사적으로 괜찮은 척, 잘 돌아가고 있는 척하면서 다녔지요. 그러던 어느 날 회사 견학회에서 어떤 사람이 "당신 회사는 재무상태가 안 좋 군요" 하고 말하는 것이었습니다. 저는 '이렇게 많은 사람 들 앞에서 무슨 소리를 하는 거야!' 하고 화가 났지요. 재무 상태가 안 좋다는 것은 그간 제가 필사적으로 감추려 했던 사실이었으니까요. 그래서 그 사람을 원망하고 저주하느 라 며칠 동안 잠도 못 잤습니다.

그러다가 내가 대체 왜 이렇게 화가 나는지를 곰곰이 생 각해봤지요. 재무상태가 안 좋은 것도 제가 재무에 대해서 잘 모르는 것도 사실이었습니다. 어차피 태어나 처음으로 해본 경영이었으니까요. 그래서 결론적으로 저는 '모르면 찾아보면 된다'라는 깨달음을 얻었습니다. 어떤 말을 들었 을 때 화가 난다면 그 이유를 곰곰이 잘 생각해보세요. 의 외로 급소를 찔려서 욱하게 된 걸지도 모르니까요.

인생은 '어쩌다 잘된 일'과
'어쩌다 잘못된 일'의 조합입니다.

한 번뿐인 인생, '어쩌다 잘못됐다'고 포기하기엔 너무 아깝지요!

저는 가끔 "당신은 어쩌다 보니 잘됐으니까 그렇게 말할 수 있지"라는 말을 들을 때가 있습니다. 옳은 말입니다. 전적으로 동감합니다. 인생이란 예측 불가능한 일의 연속이죠. 인생은 '어쩌다 잘된 일'과 '어쩌다 잘못된 일', 이두 가지밖에 일어나지 않습니다. 그래서 저는 되도록 '어쩌다 잘못된 일의 원인'을 분석해서 '어쩌다 잘된 일의 확률'을 높이도록 노력하고 있습니다. 그러다 보니 '어쩌다 잘되고 있다'고 생각합니다. 사실 생각해보면 제가 내일 살아있을 거라는 보장도 없습니다. 오늘 갑자기 우리 집 지붕 위로 비행기가 떨어질지도 모르니까요.

이렇게 우리들은 오늘도 '어쩌다 보니' 살아가고 있습니다. 그러니까 우리 함께 어쩌다 잘될 수 있도록 노력해봅시다. 그리고 그 잘된 경험들을 사람들에게 알려줍시다. 왜냐하면 우리는 '어쩌다 잘된 사람들'의 도움으로 살아가고 있으니까요.

일이 인생의 전부는 아닙니다.
그리고 인생은 단 한 번뿐입니다.

어느 하나를 선택하고 어느 하나를 버리는 일은
하지 않는 게 좋습니다.

"그럴 여유 있으면 일이나 해"라는 말을 저도 자주 들었습니다. 그런데 이 말은 아주 위험한 말입니다. 다른 사람에게도 자신에게도 하지 않는 게 좋지요. 왜냐하면 '일 말고는 전부 쓸데없다'고 받아들여질 수도 있기 때문입니다. 극단적으로 말하면 가정을 중요시하는 것도 아이들과 보내는 시간도 '쓸데없다'고 생각해버릴 수도 있죠.

하지만 그렇다면 우리의 인생은 얼마나 어두워질까요. 일도 가정도 여가생활도 다 잘할 수 있는 방법을 고민해봐야 합니다. 물론 일을 하지 않으면 먹고살 수가 없겠지요. 하지만 일이 인생의 전부는 아닙니다. 그리고 일 이외의 것들을 통해서 일에 영감을 얻는 경우도 많지요.

만약 당신의 시간을 모조리 써야만 가능한 일을 하고 있다면 다시 생각해봐야 합니다. 저는 솔직히 그간 인생이라는 귀한 시간을 상당 부분 잘못 사용해왔습니다. 그러니 여러분은 자신의 인생을 낭비하지 않았으면 좋겠습니다.

매일 바쁜 일상이
스스로 생각하고 창조하는 능력을
뺏고 있는 건지도 모릅니다.

저는 직원들에게 일을 잔뜩 시키지 않습니다.
왜냐하면 지켜보고 싶기 때문이죠.

급박한 업무 지시를 받으면 모든 직원들은 열심히 일하는 것처럼 보입니다. 그리고 바쁜 것처럼 보이는 사람에 대한 주변 평가가 높아지죠. 하지만 일이 별로 없을 때는 어떨까요? 스스로 일을 찾아서 해야 하는 상황이 온다면 어떨까요? 바로 이때, 지시받은 일만 하는 사람과 그렇지 않은 사람의 차이가 확연히 드러나게 됩니다.

그래서 저는 직원들에게 일을 잔뜩 시키지 않습니다. 일이 없을 때 직원들이 어떻게 하는지를 지켜보고 싶기 때문이죠. 다른 사람에게 "내가 뭐 도울 일 있어?"조차도 묻지 않는 사람이 의외로 많은데, 이런 사람들은 스스로 생각하고 창조하는 능력이 떨어지는 경향이 있습니다.

'할 일이 없는 시간'을 가져봐야 합니다. 그때 '한가하군' 하고 가만히 있어서는 안 되겠지요. 어떻게 이 시간을 보낼 것인지를 생각해야 합니다.

저의 첫 선생님은 에디슨입니다

　예전에 한 초등학생이 "아저씨는 왜 로켓 개발하는 걸 포기하지 않았어요?"라고 제게 묻더군요. '왜일까?' 하고 생각해보니 아마도 어릴 적 많이 읽었던 위인전 덕분이라는 생각이 들었습니다. 그래서 "아저씨는 포기하는 방법을 몰라. 왜냐하면 위인전에는 포기하는 방법이 안 쓰여 있잖니"라고 대답했지요 (웃음).

　그 동안 여러 사람에게 많은 것을 배웠지만 저의 첫 선생님은 에디슨이었던 것 같습니다. 저는 상당히 별난 아이여서 초등학교 선생님께서는 다른 친구들이 하지 않는 질문만 해대는 저를 아주 싫어하셨지요. 그래서 어떻게든 배우고 싶다는 생각에 구석에 앉아 위인전을 읽다가 에디슨을 처음 만났습니다.

　에디슨도 호기심이 왕성한 아이였다고 합니다. 에디슨의 어머니는 질문을 끊임없이 해대는 에디슨에게 백과사전 사용법을 가르쳤는데 에디슨은 그 덕분에 학교에 가지 않아도 엄청난 지식을 얻을 수 있었다고 합니다. 그런 에디슨을 보고 '난 이상한 애가 아닐지도 몰라'라는 생각에 마음이 편해졌지요.

　저는 위인전을 정말 좋아합니다. 역경을 극복해가는 사람들

의 모습을 보면 용기가 생겨나고, 나도 할 수 있다는 생각이 들
지요. 위인전 덕분에 '해본 적 없는 사람들이 말하는 불가능한
이유'에 굴복하지 않을 수 있었습니다.

제 3 장

'좋아하는 일'을
꿈으로 삼다

좋아하는 일은 열심히 하게 됩니다.
외워집니다. 궁금해집니다. 하고 싶어집니다.
찾아봅니다. 조사합니다. 그리고 해봅니다.
그러면 지식과 경험이 늘어나게 되지요.

꿈이란 가장 좋아하는 일 혹은 하고 싶은 일입니다.
꿈이 여러 개라도 괜찮습니다. 아무리 많아도 상관없지요.

제가 알고 있는 사람들 중 풍요로운 인생을 살고 있는 사람들은 모두 다방면에 관심이 많고 그에 대한 해박한 지식을 갖고 있습니다. 따라서 취미가 다양하고 조예도 깊지요. 좋아하는 게 많기 때문에 새로운 친구들을 쉽게 사귀고, 그 인연을 통해 인맥을 점점 넓혀갑니다. 또 좋아하는 일에 대해서는 열심히 찾아보기 때문에 지식도 점점 풍부해지고 할 수 있는 일의 레벨도 높아지지요. 이렇게 되면 반드시 필요한 존재가 됩니다. 선택 받게 됩니다. 그래서 돈도 많이 벌게 되겠죠.

이런 사람들은 일도 하면서 취미생활도 즐기고 가족과 보내는 시간도 사회활동도 소중히 여깁니다. 다른 사람들에게는 바쁘게만 보일지 모르지만 정작 본인은 즐겁습니다. 이런 사람들은 만날 때마다 새로운 변화와 성장이 느껴지지요. 여러 분야에 흥미와 관심을 가지면 인생 경험은 자신도 모르는 사이에 늘어납니다. 경험이 늘어나면 능력도 커질 가능성이 높습니다. 반대로 경험을 쌓지 않으면 능력도 제자리걸음이겠지요. 인생을 풍요롭게 물들여가는 것은 '좋아하는 것들'입니다.

자격증이나 시험으로
스스로를 평가해서는 안 됩니다.
누군가가 보장해주는 미래란 없으니까요.

내 안에는 훨씬 더 멋진 자격이 있습니다.

중학교 때 선생님은 제게 "도쿄대에 들어갈 정도의 수재가 아니면 비행기나 로켓은 못 만들어"라고 하셨습니다. 하지만 만약 학교 성적으로만 모든 게 결정된다면 성적이 좋은 아이들은 자신의 의지와 상관없이 모두 의대에 가야 하겠지요. 하지만 의사가 되고 싶지 않은 학생들이 그 일을 감당할 수 있을 리 없습니다.

왜 이런 일이 일어나는 걸까요? 그것은 아이들의 미래를 시험 성적으로 보장받고 싶은 부모들이 많기 때문입니다. 시험이나 자격증은 이 넓은 세상에서 극히 일부만이 인정해주는 것일 뿐, 한 사람의 모든 것을 대변해주지는 못합니다. 라이트 형제나 릴리엔탈*도 도쿄대를 나오지는 않았으니까요.

아이들은 학력보다 훨씬 더 멋진 자격증을 가지고 있습니다. 그것은 바로 무엇인가를 좋아하는 마음이죠. 그런데 그 '좋아하는 것'을 빼앗기고 성적만으로 미래가 결정돼버린 아이들은 앞으로 어떻게 될까요? 그 아이들은 희망 없는 어른으로 자라나게 될 테고, 끝내는 누군가의 희망을 빼앗는 어른이 되어버릴지도 모릅니다.

---

* 19세기에 활약한 독일의 발명가. 행글라이더를 개발하여 실험하고 성공함으로써 항공공학에 크게 기여했다.

저는 돈이 아니라 능력을 갖고 싶습니다.
저는 돈을 능력을 사는 데 사용합니다.
그래서 저는 부자가 될 수 없습니다.

돈으로 살 수 있는 꿈은 누군가의 서비스일 뿐입니다.

"저는 커서 부자가 되고 싶어요"라고 말하는 아이가 있었습니다. 왜냐고 물었더니 "입원하신 할머니를 도와주고 싶어서요"라고 하는 겁니다. "그렇다면 얼마든지 지금이라도 할머니를 도와드릴 수 있단다. 예를 들면 편지를 써드린다든지 말이야"라고 하자, 그 아이는 "그래, 맞아! 편지를 써드리자"라고 좋아했죠.

돈으로 살 수 있는 꿈은 누군가의 서비스일 뿐입니다. 다른 사람이 할 수 있는 일은 자신도 할 수 있는 일이 대부분이죠. 그리고 본인이 하는 게 더 나은 경우도 있습니다. 꿈이 있다면 '왜 그 일이 하고 싶은지'를 가끔 생각해봐야 합니다. 왜냐하면 사실은 꿈을 좇고 있는 것이 아니라 단순히 수단을 좇고 있는 것일 수도 있기 때문이지요.

저는 꿈이 많지만 대부분 돈으로 살 수 없는 것들입니다. 그렇기 때문에 저는 돈이 아니라 능력을 원합니다. 저는 돈을 능력을 만드는 데 사용합니다. 그래서 저는 부자가 될 수 없습니다.

산 정상에 도착하는 방법은 얼마든지 있습니다.
수단도 목적도 무한대입니다.

"포기=안 돼"는 아닙니다.

'포기해도 된다'와 '포기하는 게 낫다'는 차이가 있습니다. 가령 '포기해도 된다'는 말은 다른 방법이 있을 때 사용하지 않을까요? 그리고 '포기하는 게 낫다'는 리스크가 너무 클 때 보통 사용하지요.

많은 사람들이 수단과 목적을 헷갈려 하는데, 예를 들면 대학 진학은 배우기 위한 수단 중 하나고, 목적은 전문지식을 얻는 것입니다. 그런데 대학 진학에 실패했다고 해서 배우는 것 자체를 포기하는 사람들이 간혹 있습니다. 서점에 가면 대학서적들을 얼마든지 살 수 있고 더 전문적인 책들도 살 수 있는데 말이죠. 배우기 위한 방법은 얼마든지 있습니다.

의사가 되려고 하면 그 길은 좁고도 험하지요. 하지만 사람의 생명을 구하는 게 목적이라면 의료기기를 개발한다든지 소방관이 된다든지 군인이 되는 것도 얼마든지 수단 중 하나가 될 수 있을 겁니다. 안전한 자동차를 만들거나 안전한 교통 시스템을 연구하는 것도 한 방법이겠지요. 수단도 목적도 의지만 있다면 얼마든지 길은 많습니다.

"열심히 해라"가 "그것만 해라"는
의미는 아닙니다.

인생은 한 가지만으로 이뤄져 있지 않습니다.

열심히 해라는 말은 '뭔가 하나만' 열심히 하라는 의미가 아닙니다. 왜냐하면 인생이란 게 원래 한 가지만 가지고는 살아갈 수 없으니까요. 일을 하면서 집안일도 해야 하고 육아도 해야 하죠. 회사 동료들과의 인간관계도 중요하고 자기계발도 필요합니다. 인생이란 게 원래 수많은 일을 병행하면서 살아가는 겁니다.

진로 선택도 마찬가집니다. 평생 그 길밖에 없다고 생각하면 결단을 내리는 게 더 무서워지겠죠. '하나만'이라고 생각하면 결정을 쉽게 내릴 수 없습니다. 여러 가지를 선택해도 괜찮고 언제든지 진로를 바꿔도 괜찮다고 생각하면 마음이 한결 가벼워지죠. 하고 싶은 일이 있다면 병행해서 조금씩 하면 됩니다.

그러면 인생이 풍요로워지지요. 물론 주어진 선택지 중에서 고르는 게 아니라 하고 싶은 일이나 해야 할 일을 '자유롭게' 생각한다는 게 중요합니다. 결코 대충하라는 의미가 결코 아닙니다.

진정한 꿈은
'누군가에게 필요한 존재가 되는 것'인지도
모릅니다.

누군가에게 필요한 존재가 되는 것은 어렵지 않습니다.
남을 도와주면 됩니다.

꿈이란 모름지기 클수록 좋고, 다른 사람들이 인정할 만해야 한다고 생각하는 사람들이 많은 것 같습니다. 하지만 어쩌면 그들의 진정한 꿈은 한 사람이라도 나를 필요로 하는 것일지도 모릅니다.

누군가에게 필요한 존재가 되고 싶다면 남을 도와주면 됩니다. 다만 "뭘 하면 될까요?" 하고 지시나 명령을 기다린다면 '필요'가 아니라 '이용'당하게 돼버리겠죠. 스스로 무엇을 해야 할지 알려면 경험을 많이 쌓아야 합니다. 다양한 경험을 해두면 할 수 있는 일이 늘어나지요.

그러니 집안일도 많이 도와주는 게 좋습니다. 자동차 와싱이나 타이어 교체 같은 것도 다 경험입니다. 다양한 사회활동이나 취미생활 등 일단 많은 경험을 하는 게 좋지요. 그러면 이루고 싶은 꿈도 늘어날 겁니다.

좋아하는 일, 동경하는 일,
꿈은 남들에게 말하고 다녀야 합니다.

그러면 반드시 누군가의 귀에 들어가게 됩니다.

저는 비행기를 좋아해서 어릴 때부터 관련 책들을 많이 읽었습니다. 고등학교 때 제 노트는 비행기 그림이나 내부 구조도로 빽빽했지요. 저는 그냥 비행기가 좋아서 했던 거였습니다. 그런데 거기서부터 자연스럽게 길이 열렸지요. 돌이켜보면 저는 한 번도 '비행기와 관련된 일'을 하겠다고 생각해본 적이 없는 것 같습니다.

대학을 졸업한 뒤 처음 취업한 곳이 비행기를 설계하는 회사였는데, 저희 학교 교수님께서 추천해주셨지요. 분명 제가 학교를 다니며 교수님께 비행기를 좋아한다는 얘기를 수도 없이 했을 겁니다. 그리고 그것을 증명하는 행동도 했겠죠. 그래서 교수님께서는 그런 저를 도와주셨던 겁니다.

좋아하는 일이나 동경하는 일은 남들에게 얘기하고 다녀야 합니다. 간절히 바라는 꿈이 있다면 더욱 그렇지요. 그러면 반드시 그 얘기가 누군가의 귀에 들어가서 자신의 꿈을 지원해줄 사람이 나타나게 됩니다. 그렇게 길은 열리는 법이죠.

꿈은 의외로 '밥벌이'로 생각하지 않을 때
실현됩니다.

저는 그림으로 먹고살지는 못했습니다.
하지만 그림 그리는 능력은 8,000만 원의 가치가 되었지요.

중학교 때 저는 만화(비슷한 것)를 그리곤 했습니다. 그저 그림 그리는 게 좋았지요. 하지만 주변 사람들은 제게 "만화는 밥벌이가 안 돼!"라고 말하곤 했습니다. 대학을 졸업하고 저는 나고야에서 비행기 설계하는 일을 하게 됐습니다. 일러스트를 넣은 프레젠테이션 자료를 자주 만들어야 했는데, 마침 일러스트를 그릴 줄 알았던 저는 그 일을 수월하게 할 수 있었죠.

시간이 흐른 후 저는 제 회사를 설립하게 됐습니다. 제품에는 사용설명서가 꼭 필요한데 그때 일러스트를 많이 넣고 싶어서 외부에 의뢰했더니 일러스트 비용만 8,000만 원이라는 것이었습니다. 그래서 전부 제가 그렸죠. 제 그림 그리는 능력이 8,000만 원의 가치가 된 겁니다.

당신이 갑자기 현재 가진 능력으로 '먹고살겠다'고 나서면 다른 사람들로부터 '먹고살 만한 능력'은 아직 아니라고 부정당할 수 있습니다. '소양'이라는 단어가 있지요. "소양을 쌓아뒀더니 나중에 보상 받게 되었다"로 충분한 거 아닐까요.

중요한 건 할 수 있느냐 없느냐를
'고르는 것'이 아니라
하고 싶은가, 해야 하는가를
'생각하는 것'입니다.

아주 조금만 용기를 내도 미래를 볼 수 있습니다.

뭘 해야 할지 모르겠다. 내가 뭘 할 수 있을까? 이런 고민은 스스로에게 자신이 없거나 스스로를 믿지 못할 때 하게 됩니다. 해결책은 자신감을 키우는 겁니다. 그리고 자신감을 키우기 위해서는 해본 적 없는 일을 해보는 것이 최고지요. 할 수 있느냐 없느냐를 '고르는 것'이 아니라, 하고 싶은가, 해야 하는가를 '생각하는 것'이 중요합니다. 물론 처음 하는 일은 실패하기 마련이죠. 아무리 준비를 철저히 해도 실패하기 쉽습니다. 우리는 신이 아니니까요.

실패했을 때 "그러니까 내가 안 된다고 했지!" 혹은 "넌 역시 안 돼"라는 말이 주변에서, 그리고 당신 안에서 들려올 겁니다. 하지만 이런 말들은 아무 의미 없는 말들이니 무시해도 됩니다. 이 실패를 첫 계단으로 삼으면 좀 더 먼 곳이 보일 겁니다. 할 수 있는 것들이 늘어나고 자신감도 붙게 되지요. 자신감을 키우는 특효약은 없겠지만 아주 조금만 용기를 내도 분명히 미래가 보이기 시작할 겁니다.

'동경심'은 매우 중요합니다.
'동경심'이 있다면 아무리 나이를 먹어도
계속 성장할 수 있지요.

자신을 제일 잘 아는 사람은 바로 자기 자신입니다.
자부심을 가지세요!

동경심을 갖고 있는 사람은 아무리 나이를 먹어도 계속 성장할 수 있습니다. 하지만 동경심을 잃어버리면 그 순간부터 마음의 성장은 멈춰버리죠. 육체도 함께 늙어가게 됩니다.

그러니 '분수를 알라'는 말은 신경 쓰지 맙시다. 그 말은 자존감을 죽이는 말입니다. '나 따위'라고 생각하게 되는 거죠. 대체 '분수'라는 게 뭡니까? 물론 자신의 능력을 아는 것은 중요합니다. 하지만 능력이 부족하니까 하지 말자? 그건 가능한 범위 안의 일만 하자는 얘긴가요? 그렇다면 당신은 성장하기 어려울 겁니다.

어떤 실패와 성공을 하건 한 번도 시도해보지 않은 사람보다 무엇인가를 경험한 사람이 틀림없이 성장합니다.

'동경심'을 잃어버려서는 안 됩니다. '자아도취'라는 말을 듣더라도 신경 쓰지 마세요. 자신을 사랑하지 않는 사람은 타인도 사랑할 수 없고, 결국에는 주변사람이 갖고 있는 '동경심'까지도 빼앗아버릴 테니까요.

꿈은 꼭 100퍼센트 실현돼야만 하는 걸까요?
100퍼센트 실현되는 꿈이
과연 꿈이라고 할 수 있는 걸까요?

우리는 꿈의 진정한 의미를 곰곰이 다시 생각해봐야 합니다.

제가 로켓 만드는 일을 시작했을 때 주변으로부터 "그런 걸로 밥벌이가 되겠냐"는 말을 자주 들었습니다. 정작 저는 한 번도 이걸로 먹고살 생각을 한 적이 없는데 참 별 걱정을 다 한다고 생각했죠. 여기서 잠깐, '밥벌이'란 어떤 의미인지 생각해봅시다. 곰곰이 생각해보니 '밥벌이'란 단순히 먹고사는 데 쓰는 돈을 버는 일에 불과하며, 미래의 불안을 해소하기 위해서 하는 일을 의미하는 것이었습니다. 그렇다면 그것은 결코 꿈이라고 부를 수 없는, 단지 필요에 의해 하는 일인 거죠.

일본은 선진국이 분명한데 모두들 불안해서 어쩔 줄을 모릅니다. "이렇게 하지 않으면 안 돼" "이렇게 하지 않으면 창피해"라고 누군가가 부추기기 때문이지요. 그래서 그 부추김 때문에 모두가 불안과 콤플렉스를 느끼고 거기에 돈을 지불하고 있는 것처럼 보입니다. 부적에 쓸데없이 돈을 쓰는 것과 같은 이치죠.

꿈이 무엇을 의미하는지 잘 생각해봐야 합니다. 그렇지 않으면 불안을 해소하기 위해 일하게 되고 끝없이 돈만 쫓아다니다 삶이 끝날지도 모릅니다.

꿈이란 북극성 같은 겁니다.
중요한 것은 북극성을
발견하는 눈이지요.

꿈이란 이뤄질 수 없다고 해서, 포기하라고 존재하는 것이 아닙니다.

저는 꿈이 많습니다. 그 중에는 아마 제가 살아 있는 동안에 이룰 수 없는 것들도 있을 겁니다. 하지만 이루기 어려운 꿈도 저는 소중하다고 생각합니다. 왜냐하면 그 꿈을 실현하기 위해 다음 세대를 키워야 한다는 사실을 깨닫기 때문이죠. 그래서 저는 아이들을 위한 교실을 열었습니다.

꿈이란 북극성 같은 거라고 생각합니다. 북극성은 너무 멀리 있어서 가기 어렵지요. 하지만 북극성 덕분에 북쪽이라는 방향을 알 수 있게 되지 않았나요?

생각해보십시오. 수많은 별들 중에서 움직이지 않는 하나의 별을 발견해낸 사람들을! 무수한 별들 중에서 어떤 의미를 발견해내고자 노력한 사람들이 있었던 겁니다. 북극성이 있어서 사람들은 어디로든 갈 수 있었습니다. 드넓은 바다를 가로질러 갈 수가 있었지요. 아무리 멀고 어려운 길일지라도 지표가 있다면 사람은 앞으로 나아갈 수 있습니다. 중요한 것은 북극성을 발견할 수 있는 눈입니다.

스어 아즈나브르가 가르쳐준 것

저는 애니메이션을 무척 좋아합니다. 애니메이션에 등장하는 인물들에게서 많은 것을 배우고 용기도 많이 얻지요. 〈썸머워즈〉라는 애니메이션을 보면 모두가 포기하는 상황에서도 주인공만은 "아직 끝난 게 아냐" "반드시 뭔가 방법이 있을 거야"라고 말합니다. 보기만 해도 힘이 불끈불끈 솟아나죠. 또 마쓰모토 레지의 작품 중에서 〈우주전함 야마토〉에는 공장장인 사나다가 자주 등장하는데, 사나다는 아주 냉철한 인물입니다. 동료가 긴박한 보고를 해도 소리를 지르거나 화내는 법 없이 "그래, 알았어"라고 짧게 답하고 어려운 상황에 어떻게 대처할지만 생각하지요.

그리고 드디어 스어 아즈나브르. 〈기동전사 건담〉에 나오는 '붉은 혜성' 스어 아즈나브르는 전투 로봇을 조종할 때 다른 사람의 3배 이상 속도를 냅니다. 아즈나브르의 입장에서 보면 다른 사람들은 어이없을 정도로 느려 보일 테지요. 그러나 아즈나브르는 부하들이나 동료들에게 "넌 왜 그렇게 굼떠!" "제대로 좀 해!"라고 화내는 법이 없습니다. 오히려 격려하고 칭찬해주고 그들에게 감사하죠. 그래서 아즈나브르가 신뢰받는 거라고 생각합니다.

　자신이 할 수 있다고 다른 사람도 할 수 있는 건 아닙니다. 다른 사람을 변화시키는 것, 이해하는 것은 참 어려운 일이지요. 하지만 인간관계의 지혜는 내 기준을 남에게 들이대는 게 아니라 상대의 기준에서 바라보는 것입니다. 이것도 아즈나브르가 가르쳐준 것입니다.

제 **4** 장

혼자 힘으로 어렵다면
동료를 만들자!

혼자서 하려니까 안 되는 겁니다.
그럴 때는 동료를 만드는 게 최고지요.

누구나 자신만의 재능을 가지고 있습니다.
하지만 그 재능은 완벽하지 않지요. 그래서 힘을 합치는 겁니다.

앞에서도 말했지만(8p) 2014년에 제가 TEDxSapporo에서 강연한 유튜브 영상을 많은 분들이 150만 번이나 봐주셨습니다. 말도 빨라서 알아듣기 힘드셨을 텐데 제 이야기에 많은 분들이 공감해주시고, 주변 사람들에게 적극적으로 권해주셨기에 가능했던 일이라고 생각합니다. 제 이야기를 듣고 '울었다'는 분들은 아마도 평소 저와 같은 생각을 갖고 있던 분들일 테지요. 바로 제 동료들입니다. 만약 현재 당신이 이루지 못한 꿈이 있다면 동료를 만들어가는 게 최고의 방법입니다. 혼자서 모든 걸 하려고 하면 잘 안되는 법이죠.

모든 사람에게는 저마다의 재능이 있습니다. 그런데 그 재능은 완벽하지 않지요. 그래서 자신의 생각을 알려서 힘을 합쳐야 하는 겁니다. 하지만 자신의 생각을 전달한다는 것은 의외로 어렵습니다. 전하려는 노력을 하지 않으면 제대로 전달되지 않지요. 혹시 내 뜻이 제대로 전달되는 것 같지 않다면 전달방법을 바꿔야 합니다. 남이 이해해주기를 바라는 것보다는 내가 방법을 바꾸는 것이 훨씬 쉬우니까요.

GIVE & TAKE는 'GIVE'에서 시작됩니다.
우선은 GIVE.
그러면 돌고 돌아서 누군가가
내게도 GIVE해줍니다.

그러니까 우선은 GIVE부터 시작합시다.

아마도 GIVE & TAKE의 본질은 'GIVE & GIVE' 일 겁니다. 부족한 사람끼리 서로 보완하는 행위니까요. 서로가 '해주고 싶다'고 생각한다면 참 행복한 일이지요. 'TAKE'를 바라지 않는 'GIVE'가 서로 간에 성립된다면 그것은 아주 아가페적(무조건적인 사랑)인 상태일지도 모릅니다.

어쨌거나 'GIVE'를 하려면 우선 자신의 능력을 키워야 합니다. 다른 사람이 하지 못하는 일을 할 수 있다면 누군가를 도와줄 수 있을 테니까요. 'GIVE 능력'은 여러 가지 경험을 하면서 체득됩니다. 특별한 능력이 아니어도 됩니다. 누군가 바쁠 때 일손이 모자라면 나의 '시간'이 상대에게는 없는 '능력'이지요. 그러면 내 '능력(시간)'으로 다른 사람을 도와줄 수 있습니다.

남에게 시키기만 하고 자신은 편하려고만 하면 점점 'GIVE 능력'이 떨어지게 되고, 마침내는 아무도 'GIVE'해 주려 하지 않을 겁니다. 그 끝은 'TAKE'만을 바라는 관계가 되는 거겠지요. 그러니까 우선은 'GIVE'가 중요합니다.

현재 자신의 모습에 만족하지 못하고
'변화하고 싶다'면
좋은 인연을 만나야 합니다.
다양한 사람을 만나야 합니다.

나가타 하루노리 교수님과의 만남 이후로
저는 만남의 가치를 알게 되었습니다.

제가 여기까지 올 수 있었던 건 비행기와 로켓이 너무 좋았기 때문입니다. 제 안에 확실한 꿈이 있었기에 가능했지요. 그래서 저는 아이들에게 비행기와 로켓을 접할 기회를 주고 싶었습니다. 그리고 그 아이들에게 포기를 모르는 제 신념을 전하고 싶었습니다. 하지만 제가 할 수 있는 건 겨우 종이비행기 교실을 운영하는 일 정도였지요.

그러던 어느 날 홋카이도 대학의 나가타 하루노리 교수님을 만나게 되었습니다. 나가타 선생님은 폭발하지 않는 안전한 로켓을 만들 계획이라고 하셨지요. 그 순간 저는 '바로 이거다!' 생각했습니다. 이제 본격적인 로켓 교실을 열 수 있겠구나! 내가 하고 싶은 일을 할 수 있겠구나…. 그래서 저는 비용은 모두 제가 부담할 테니 교수님께 함께하고 싶다고 부탁 드렸습니다.

나가타 선생님과의 만남은 신이 주신 기회였다고 생각합니다. 저는 그때부터 다른 사람들과의 만남의 가치를 깨닫게 되었고, 그 후로 사람들과의 만남을 더욱 늘려갔습니다. 그러자 제 인생이 바뀌었습니다.

어쩌면 누군가와 친해질 때 가장 중요한 것은
좋아하는 취미일지도 모릅니다.

취미는 공통화제가 되고,
말이 통하지 않더라도 친해질 수 있는 멋진 계기가 됩니다.

누군가와 친해지려면 공통화제가 필요합니다. 예를 들면 요즘 화제가 되고 있는 사건이라든지 말이죠. 하지만 그런 내용들은 어차피 누군가에게 들은 정보에 지나지 않습니다. 반면에 자신의 경험을 통해 얻은 정보는 진짜 사실이라는 재미가 있지요. 대화는 점점 깊어지고 공부도 됩니다. 대부분의 경우 그런 내용들은 취미와 관련된 게 많지요.

가령 나가타 하루노리 선생님이 아카비라에 오셔서 함께 밥을 먹으며 했던 이야기는 〈차고 반장〉에 관한 것이었는데, 〈차고 반장〉은 자동차를 너무 좋아하는 한 남자의 자랑으로 가득 찬 프로그램입니다. 로켓과 전혀 상관없는 얘기지만 우리는 신이 났지요.

이런 것들도 저는 중요하다고 생각합니다. 또 다른 예로 로켓 플레인 사의 부사장인 척은 '무사도'에 관심이 많은데 우주 개발에 관한 미팅에서도 사무라이에 대한 얘기만 자꾸 물었습니다. 마침 저도 사무라이에 대해 잘 알고 있었기 때문에 대화를 이어갈 수 있었고, 그 이후로 척과 친해져서 서로에 대한 신뢰가 생겼습니다.

개성을 죽이는 것은 '집단'이며
개성을 살리는 것은 '동료'입니다.

인생은 의외로 짧습니다. 무리지어 다닐 틈이 없지요.

제 동료들은 모두 개성이 넘칩니다. 정보량도 엄청나고 인맥도 대단하지요. 동료는 개성만점, 각양각색인 게 좋습니다. 자신과 다른 경험을 하고 있는 동료와 함께하는 게 비슷한 사람하고 지내는 것보다 훨씬 즐겁죠. 같은 옷차림을 해야 하고, 같은 방송을 봐야 하고, 같은 화제에 대해 얘기해야 하며, 같은 사람을 싫어해야만 하는 것은 동료가 아닙니다. 단지 집단일 뿐이죠.

언제 자신이 '다르다'고 찍혀 제명될지 모른다고 불안해하면서 필사적으로 맞춰가는 상태. 이런 집단은 정보량이 아주 적고 인맥이 넓어질 가능성도 낮습니다. 인맥이 늘어난다 하더라도 비슷한 성향의 사람들만 늘어날 뿐이지요. 그러기엔 시간이 너무 아깝습니다.

동료를 찾는 법은 간단합니다. 나와 다른 사람 같다 싶으면 "왜 그런 일을 하시는 거죠?"라고 물어보면 됩니다. 대답을 듣고 재미있으면 그 사람이 멋지다고 생각하게 되지요. 그러면 동료가 될 수 있는 겁니다.

역시, 리더란
새로운 일에 도전하는 사람입니다.

경영자는 스스로 책임지고
미지의 세계에 뛰어들 수 있어야 합니다.

경영자에게 주어진 임무는 판단과 책임입니다. 그렇게 중요한 판단과 책임을 매일 똑같은 일상의 유지와 반복된 업무에 모두 사용해서는 안 되지요. 만약 이런 경영을 하고 있다면 회사가 부도나지 않도록 겨우 유지만 하고 있는 상태인 건지도 모릅니다.

판단과 책임을 온전히 사용해야 할 곳! 그곳은 바로 미지의 분야 개척입니다. 그래서 경영자는 가능한 한 회사 업무를 직원들에게 맡기고 자신은 미래를 향해 길을 열어나가야 하는 거죠. 우에마쓰전기의 마그네트는 4년이 지나자 직원들이 맡아서 운영할 수 있게 됐습니다. 우주 개발도 마찬가지로 4년이 걸렸지요. 아크 프로젝트도 언젠가 저 대신 다른 사람이 맡아줄 겁니다. 그때쯤 저는 또다시 새로운 무언가를 찾고 있겠지요.

리더의 역할은 홀로 들판에 나가 새로운 일을 찾아 헤매는 겁니다. 리더는 글자 그대로 앞서가는 사람이니까요. 주변사람들이 미쳤다고 할 정도로 혼자 전력질주하면 됩니다.

나이를 아무리 먹더라도 조금만 소홀해지면
자신감은 줄어듭니다.
아주 쉽게 없어져버리지요.

그렇기 때문에 남의 의견을 존중해줘야 합니다.

자신감은 돈으로 살 수 없습니다. 남을 비하하거나 공격한다고 늘어나는 것도 아니죠. 혼자서 지킬 수 있는 것도 아니고요. 또 자신감은 아무리 나이를 먹더라도 조금만 신경을 안 쓰면 줄어들고 쉽게 사라져버립니다. 자신감이 상실되는 가장 흔한 경우는 자신의 생각과 행동을 부정당할 때입니다.

자신이 애써 생각해낸 것을 부정당하게 되면 더 이상 스스로를 믿지 못하게 되지요. '괜찮겠지' 하고 판단해서 한 행동을 부정당하면 분명히 자신의 생각과 행동이 맞는지 불안해질 겁니다.

물론 자신만의 의견을 가지는 것은 자유입니다. 하지만 상대의 사고나 행동을 억지로 바꾸기 위해 사용할 때 이는 폭력이 될 수도 있습니다. 그리고 자신의 의견과 자리를 양보한 사람들은 결국 살아갈 곳을 잃어버리게 됩니다. 이들이 살아가기 위해서는 자신감이 필요합니다. 남의 자신감을 빼앗는 사람들이 없어진다면 얼마나 좋을까요.

약육강식은 현실입니다. 하지만 인간은…
거기서 멀어졌기 때문에
진화하고 발전할 수 있었습니다.

우린, 인간이니까. – by 쓰토무

비즈니스는 더하기 빼기밖에 없죠. 이익을 위해서는 원가를 낮추고 판매가를 높여야 합니다. 그 뒤부터는 점점 약육강식의 원리만이 지배하는 거구요. 약자는 지더라도 어쩔 수 없죠…. 이렇게 생각하는 사람들이 늘어나는 게 저는 좀 무섭습니다.

약육강식의 극단적인 형태는 서로 잡아먹는 겁니다. 자기 새끼조차 먹이로 삼는 생물도 있기는 합니다. 하지만 그런 경향은 곤충 같은 진화 초기단계의 생물에게서 주로 보이죠. 복잡하고 진화된 생물일수록 동료를 보호하고 자손을 지키려는 경향이 강합니다.

저는 약육강식으로부터 멀어지려는 사고가 사회성으로 이어진다고 생각합니다. 그래서 '약육강식이니 어쩔 수 없어'라는 이기적인 사고가 고개를 들려 할 때 저는 그에 대항하는 사고를 하려고 애씁니다. 왜냐하면 약육강식은 너무나 당연하고, 너무나 간단하고, 너무나 단순하니까요. 좀 더 깊은 사고를 하는 게 훨씬 즐겁지 않을까요?

"힘들었어"라고 하면 "힘들었구나"
"무서웠어"라고 하면 "무서웠구나"
이야기를 들어줄 때 중요한 것은
'공감' 그리고 '맞장구'입니다.

힘들다고 말하는 사람에게 해서 안 되는 말은 "신경 쓰지 마"입니다.
본인은 신경이 쓰이는 걸 어쩌라는 겁니까!

누군가가 나에게 힘든 일을 상담해왔을 때 제일 먼저 해야 할 말은 "나한테 말해줘서 고마워"입니다. 그런 다음에는 그냥 이야기를 들어주기만 하면 됩니다. 상담하는 도중에 상대가 침묵할 때도 있지요. 그럴 때는 재촉하지 말고 기다려주는 것도 중요합니다. 말에 앞뒤가 안 맞을 수도 있습니다. 처음에는 빙빙 돌려 말하는 경우도 있을 수 있고 이야기에 모순이 있을 때도 있겠지요. 하지만 심문해서는 안 됩니다. 조서도 꾸미지 마십시오. 그저 고개를 끄덕여주고 맞장구를 쳐주면서 들어주는 걸로 충분합니다.

충분히 들어준 뒤에는 "자, 그럼 이제 무엇을 할 수 있을지 생각해보자"라고 말하세요. 이래라 저래라 하지 말아야 합니다. 특히 아이들을 상담할 때는 "얘기해줘서 고마워" "네가 이상한 게 아니야"라고 말해주는 게 아주 중요합니다. 하지만 그건 어른도 마찬가지인 것 같네요.

폭력이나 지배는
'눈치를 보는 사람'과 '안 보는 사람'이
세트로 만들어내는 건지도 모릅니다.

폭력과 지배로부터 우리를 지켜내는 것은 '배려'입니다.

'눈치 본다'는 말을 흔히 하지요. 제 가설에 따르면 '눈치를 본다'는 것은 자신의 상황이 더 악화되지 않도록 스스로를 보호하는 생각과 행동입니다. 하지만 미움 받지 않기 위해 발버둥 치다 결국은 현상유지만 하게 되지요. 즉, 아무 행동도 하지 말고 관여하지도 말자는 태도를 보이는 겁니다. 자신의 감정이나 생각을 죽이고 주변상황에 맞추는 거죠.

반대로 '눈치를 안 본다, 눈치가 없다'는 것은 상대는 생각하지 않고 자신만 생각하고 행동한다는 의미입니다. 기준은 자신의 '즐거움'과 '불쾌함'뿐이죠. 게다가 자신의 기준을 남에게 강요하기도 합니다.

이 두 가지 '눈치를 보는 사람'과 '눈치를 보지 않는 사람'이 세트를 이룰 때 폭력과 지배가 생겨날 가능성이 높아집니다. 폭력과 지배로부터 우리를 지켜내려면 '배려'가 필요합니다. 바로 상대를 기쁘게 해주려는 마음이죠. 눈치보는 사람과 안 보는 사람을 어떻게 하면 배려하는 사람으로 바꿀 수 있을지 고민한다면 세상은 조금씩 나아지지 않을까요?

저는 "난 그런 얘기한 적 없는데"라는 말을
안 쓰도록 노력하고 있습니다.

'생각하게 한 뒤에 부정하는 방식'은
다른 사람의 생각하는 능력을 빼앗습니다.

야마모토 이소로쿠*의 명언 중에 "직접 해 보이고, 방법을 알려주고, 시켜보고, 칭찬해주지 않으면 사람은 움직이지 않는다"는 말이 있습니다. 그리고 "대화하고, 상대방 이야기에 귀를 기울이고, 상대를 인정하고, 맡겨두지 않으면 사람을 키울 수 없다"와 "행동하는 모습을 감사하는 마음으로 지켜보고 신뢰하지 않으면 사람은 성장하지 않는다"가 그 뒤를 잇지요. 저도 이 말을 늘 가슴에 새기고 있습니다.

"너한테 맡길게"라고 해놓고 나중에 "그게 무슨 소리야?"라고 하는 사람이 있지요. 이런 말을 들으면 두 번 다시 혼자 자발적으로 처리하겠다는 마음이 생기지 않습니다. 보고와 설명은 어떤 판단을 내려야 할 때만 요구하면 되는 겁니다. 저도 직원들에게 가끔은 당황스러운 이야기를 들을 때가 있지요. 하지만 일을 맡긴 이상 그 사람의 판단을 지지해줘야 하며, 리더는 혹시 모를 일을 대비해서 존재하는 겁니다. 원래 문제란 갑자기 생기는 거니까요. "그런 얘기 들은 적 없다"고 해봤자 아무 소용없습니다. 그때 리더가 해야 할 일은 문제를 해결하는 겁니다.

---

* 일본의 해군. 연합함대 사령관. 선견지명과 뛰어난 통찰력을 가진 인물로, 태평양 전쟁에 반대한 것으로 알려져 있다.

혼자 가능한 일은 한 사람 몫인 겁니다.
하지만 힘을 합치면
더 멋진 일을 할 수 있지요.

지배로는 어차피 한 사람 몫의 일밖에 하지 못합니다.

저는 곧 50세가 됩니다. 그리고 회사를 경영하고 있지요. 그래서 회사 동료들과 함께 있을 때 상당히 신경을 쓰는 편입니다. 왜냐하면 제 의견이 지배적이 될 가능성이 크기 때문이죠. 엄격한 위계질서에 익숙한 동료들은 안 그래도 나이 차이가 많이 나는 제 의견을 늘 중시해줍니다. 하지만 저도 판단을 잘못할 때가 있지요. 더구나 모든 것을 제가 다 판단해야 한다면 회사는 제 처리 능력만큼밖에 성장하지 못할 겁니다.

저는 '독재자'가 되고 싶지 않습니다. 역사를 공부해보면 실패의 배경에는 항상 '독재자'가 있었다는 걸 알 수 있지요. 나이 든 사람의 역할은 지배하는 게 아닙니다. 나이 든 사람은 경험이 풍부하고, 인맥이 있으며, 많은 실패 경험도 있죠. 그래서 후배들의 실패를 만회해줄 수 있습니다. 또한 후배들이 하고자 하는 일을 밀어줄 수 있는 역량도 있지요. 나이 든 사람은 후배를 밀어주고, 도와주며, 성장시키기 위해 노력해야 합니다.

페이퍼 크래프트를 추천합니다

저는 프라모델이나 페이퍼 크래프트를 좋아해서 취미로 자주 만듭니다. 공구라든지 준비해야 할 것들이 많은 프라모델에 비해서 페이퍼 크래프트는 아주 단순한 작업이어서 몇 가지 도구 말고는 머리와 손가락만 사용하면 되지요. 그래서 피곤할 때 만들면 힐링이 되는 느낌입니다. 또 나이를 먹어서 그런지 인내심이 늘어나준 덕분에 번거로운 작업이 힘들다는 생각도 안 들고요. 페이퍼 크래프트는 평생 즐기기에 아주 좋은 취미입니다.

제가 운영하는 로켓 교실에서도 페이퍼 크래프트 로켓을 만듭니다. 종이지만 제대로 날아가며 아주 가볍기 때문에 떨어져도 안전하죠. 아이들도 자신이 실제로 만든 로켓이 엄청난 속도로 날아가는 것을 보면서 분명히 용기를 얻을 겁니다. 제 경우에는 초등학교 때 로켓도감에다 자를 대가면서 페이퍼 크래프트 로켓을 만들기 위해 필사적이었습니다. 앞의 뾰족한 부분

이 잘 안 만들어져서 무척 고민했던 기억이 나네요. 어린 시절의 저처럼 열심히 만드는 아이들에게 무언가가 전달될 수 있다면 좋겠습니다.

제 **5** 장

지금 아이들에게
해줄 수 있는 것

비행기 책을 꺼내 비행기 이름을 외웠더니
할아버지께서 무척 기뻐하셨습니다.
단지 그것만으로도 저는 비행기나 로켓이
너무 좋아졌지요.

어른은 아이에게 믿을 수 있는 미래의 모습을 보여줘야 합니다.

저는 "내일을 위해 오늘의 굴욕을 참는다"는 말이 참 좋습니다. 이 말은 〈우주전함 야마토〉의 오키타 함장이 한 말인데, '참는다'는 말은 '포기한다'는 말의 반대말입니다. 울더라도, 잠시 쉬더라도, 결코 포기하지 않고 내일을 향해 나아가는 거죠.

저는 약해질 때마다 이 말을 떠올립니다. 이 말을 가슴에 새기게 된 건 오키타 함장을 아주 좋아하셨던 할아버지 때문인지도 모릅니다. 할아버지는 저를 무릎에 앉히시고는 아폴로가 달에 착륙하는 장면을 보여주셨지요.

"저걸 봐라, 인간이 달 위를 걷고 있어! 엄청난 시대가 온 게지!" 이렇게 말씀하시며 기뻐하는 할아버지의 웃는 얼굴을 보는 것만으로도 저는 비행기나 로켓이 좋아졌습니다.

어른은 아이에게 믿을 수 있는 미래의 모습을 보여줘야 합니다. 그리고 웃으며 그것을 향해 나아가는 모습을 보여줘야 합니다. 그 모습을 보는 것만으로도 아이는 꿈을 꾸게 되지요. 그런데 요즘은 그림책에서도 텔레비전에서도 미래를 찾아보기 힘든 것 같습니다.

선생이란 앞서 태어났다는 의미가 아닙니다.
선생이란 앞서서 살아간다는 의미입니다.

학교나 선생님의 역할이
공장 제품들을 검사하는 것은 분명 아닐 겁니다.

꽤 오래 전부터 지시만 기다리는 사람들이 사회 문제가 되고 있습니다. 지시만 기다리는 수동적인 사람이 되는 원인은 그 일이 '좋아하는 일'이 아니기 때문입니다. 하지만 더 깊이 들여다보면 그들은 '좋아하는 일'을 할 수 없었거나 뺏겼기 때문이 아닐까 하고 생각해봅니다.

대학교나 전문학교는 원래 편중된 지식을 늘려주는 장소지, 만능인간을 키워주는 장소가 아닙니다. 그러니 어린 시절에 좋아했던 것, 가령 곤충이나 역사나 그림 그리기 같은 것을 자기 나름대로 꾸준히 연구해서 그걸 상급 학교에서 꽃피워야 하는 거죠. 하지만 현재 학교 교육 제도에서는 좋아하는 것에 시간을 들일 수 없습니다. 왜냐하면 성적과 상관이 없기 때문이지요.

학교가 기준미달인 학생들을 배제하는 곳이 아니라 그 아이들의 흥미가 어떻게 하면 사회에 도움이 될 수 있을까를 생각하는 곳이 되었으면 좋겠습니다. 중요한 것은 틀림없이 시험에 나오지 않는 곳에 숨어 있을 테니까요.

아이들은 미래입니다.

아이를 불행한 어른의 미니어처로 만들지 맙시다.

저희 로켓 교실에서는 만약 실패하더라도 그 원인이 뭔지를 알면 된다고 가르칩니다. 그런데 선생님들 중에는 실패하면 "에이, 실패했네!" 하면서 기쁜 듯이 말하는 사람이 있습니다. 왜 실패라고 하는 걸까요? 또 가끔씩 "내건 실패하게 만들어봐야지!"라면서 로켓을 만드는 아이들을 보게 되는데, 밝은 척 행동하지만 일부러 그렇게 말하는 걸 보면 스스로에게 자신이 없나 하는 생각이 듭니다.

실패하는 게 극도로 두려울 때 시작하면서부터 실패할 거라고 말해놓으면 나중에 변명할 수 있지요. 하지만 그러면 자신감이 늘 수 없습니다. 실패는 귀중한 데이터입니다. 실패했을 때는 '이건 더 잘하기 위한 데이터다!'라고 생각하면서 다시 시도하면 되지요. 어렵게 생각할 것 하나 없습니다.

자신이 없으니 제대로 해보지도 않고, 뭐든지 삐딱하게 생각하고, 쿨한 척 행동하지만 속으로는 점점 자신감을 잃어가는, 그런 불행한 어른의 미니어처 같은 아이들로 키워서는 안 됩니다.

'하면 된다'는 경험을 하면
사람은 변화합니다.

로켓 교실은 '만드는 법'이 아니라,
'다시 하는 법'을 가르칩니다.

저희가 운영하는 로켓 교실에서는 만드는 방법은 가르쳐주지 않을 테니, 서로 도와가며 알아서 만들어보라고 말합니다. 로켓은 해외제품이라 설명서는 모두 영어로 써 있지요. 하지만 영어라서 포기하는 아이는 한 명도 없습니다. 왜냐하면 동경심이 있기 때문이죠. 자기가 만든 로켓이 엄청난 속도로 날아가는 모습이 보고 싶기 때문입니다. 그래서 영어 정도는 가뿐히 극복하고 최선을 다해 만듭니다.

물어보러 와도 저는 "설명서에 다 써 있으니까 읽어봐"라고 대답합니다. 물론 수없이 실패하기 때문에 다시 만드는 법은 가르쳐줍니다. 그걸 반복하면서 아이들은 여러 번 실패하더라도 '다시 할 수 있다'는 사실을 배우게 되죠. 크기가 작기는 하지만 시속 200킬로미터의 로켓입니다. 자신이 만든 로켓이 눈 깜짝할 사이에 하늘 위로 솟아올라 사라지는 걸 보면 아이들의 표정이 바뀌고 자신감이 생기지요. 자신감이 생기면 다른 사람에게도 친절해집니다. 사람을 변화시키는 것은 바로 '하면 된다'는 경험입니다.

'평범'의 기준은 사실
아주 쉽게 바뀔 수 있습니다.

누군가가 내세우는 '평범'의 기준이란
그 사람이 알고 있는 범위 속 좁은 세계의 기준에 불과합니다.

누나와 저는 어릴 적 아버지께서 만들어주신 고카트를 타고 놀곤 했습니다. 모터가 달려 있어서 시속 40km나 나갔지요. 그래서 놀이동산의 고카트는 하나도 재미가 없었습니다. 아버지께서 만들어주신 것보다 느렸으니까요. 누나와 저에게 있어서 고카트란, 놀이동산이 아니라 집에서 아버지가 만들어주신 게 '기준'이었습니다.

즉, 평범의 기준을 만드는 것은 바로 우리 어른들입니다. 그리고 그 기준은 얼마든지 바뀔 수 있지요. 운동선수 집안에서 자란 아이는 자연스럽게 운동을 많이 접하며 자랄 것이며, 음악가 집안에서 자란 아이는 음악에 둘러싸인 환경에서 자라게 될 겁니다.

그렇다면 우리 아이가 어떻게 자라길 원하는지 잘 생각한 뒤에 그렇게 자랄 수 있는 '기준'을 만들어줘야 하지 않을까요? "평범한 회사에 들어가 평범하게 결혼해서 어서 부모님을 안심시켜 드려야지"라는 말들이 활개를 치고, 평범하지 않은 길을 가려 하면 전부 부정당하는 사회는 바람직하지 않다고 생각합니다.

할머니께서는 말씀하셨습니다.
"돈이 생기면 책을 사거라"라고.

돈은 귀하게 쓰면 줄어들지 않습니다. 반드시 본전을 찾지요.
최고의 투자처는 바로 자신입니다.
자신의 성장이 곧 금리나 배당이 되는 거죠.

저희 할머니는 가라후토(사할린 섬)에서 자동차 수리 회사를 운영하셨습니다. 하지만 1945년 패전 후 소련군의 침공으로 일본 돈은 순식간에 가치를 잃어버렸지요. 그래서 할머니께서는 자주 이렇게 말씀하셨습니다. "돈이 생기면 책을 사거라"고요. 머릿속에 넣어두면 아무도 뺏어갈 수 없고 그 지식이 새로운 것을 만들어낼 거라고 가르쳐주셨습니다.

그래서 저는 책의 위대함을 어릴 때부터 잘 알고 있었습니다. 책에는 인류의 노력과 생명력이 담겨 있습니다. 즉, 적은 돈으로 인류의 노력과 생명력을 살 수 있는 거지요! 저는 돈을 지식과 경험을 사는 데 사용합니다. 예를 들면 외식할 때는 가능한 주방이 보이는 곳에 앉습니다. 그때 곁눈질로 배워 제 요리 실력이 조금 늘어나는 경우가 있는데 그것만으로도 지불한 대가 이상의 가치를 얻게 되는 거죠.

돈의 가치는 늘 변합니다. 아마도 점점 떨어지겠죠. 그렇기 때문에 돈을 지혜와 경험으로 바꿔서 자신 안에 저축하는 게 더 중요합니다.

교육이란 죽음으로 치닫지 않는 실패를
안전하게 경험하게 하기 위한 것입니다.

"실패는 용서할 수 없다!"의 최후는 '자결' 아니면
'집단 자살'뿐입니다.

학문이란 좋은 학교를 나오고, 좋은 회사에 들어가기 위해 존재하는 것이 아닙니다. 학문이란 사회문제를 해결하기 위해 인류가 축적해온 지혜지요. 교육이란 실패나 책임을 피하는 방법을 가르치기 위해 있는 것이 아닙니다. 교육이란 실패를 안전하게 경험하도록 도와, 실패를 극복하는 방법을 가르치기 위해 존재하는 것이죠. 바꿔 말하면 눈앞의 리스크를 회피하도록 가르치는 것이 아니라, 리스크에 대응하는 능력을 갖추게 하기 위한 것이라는 의미입니다.

"실패는 용서할 수 없다!"라는 말은 왠지 멋있게 들리기도 합니다. 하지만 정말 실패가 용서되지 않는다면 아무것도 할 수 없겠지요. 인간은 실수를 할 수밖에 없으니까요. 실패할 때마다 벌을 받게 된다면 살아남을 사람이 없을 겁니다. 그러니까 '실패는 용서할 수 없다'가 아니라 '성공 가능성을 높이자'고 생각하는 게 좋습니다. 그러면 할 수 있는 일이 점점 늘어나겠지요. 실패는 안 된다, 실패는 용서할 수 없다는 환경이 결국은 '책임을 회피하는 시스템'을 만들고 있는 것인지도 모릅니다.

'포기'는 후천적인 교육으로
키워진 능력입니다.

그렇다면 포기하지 않는 방법을 가르치는 교육도
분명 가능할 겁니다.

태어날 때부터 포기하는 법을 알고 있는 사람은 없습니다. 아이들은 뭐든지 하고 싶어 하니까요. 우리들이 알고 있는 '포기'는 누군가가 가르쳐준 것입니다. "실패하면 어떡해" "앗, 안 돼, 안 돼. 위험해!" 등등. 어쩌면 우리는 아주 어렸을 때부터 포기하는 법을 배워온 건지도 모릅니다.

포기하는 법을 배우게 되면 자신이 가진 능력 이하의 일밖에 할 수 없게 되지요. 나이는 계속 먹어가고, 노력하는 사람들과의 차이는 점점 벌어집니다. 또 열등감이 커져서 나이를 먹을수록 노력 자체를 부정하고 싶어지죠. 그래서 끝내는 남의 꿈이나 희망을 빼앗는 사람이 돼버립니다.

어른이 해야 할 일은 노력의 가치와 성장의 기쁨을 아이들에게 계속 알려주는 것입니다. 그런 어른들의 뒷모습을 보고 자란 아이들은 분명히 노력과 성장의 가치를 믿게 될 겁니다. 그리고 그 아이들은 자라서 10년 후, 20년 후에 멋진 사회를 만들어갈 것입니다. 우리 함께 아이들을 멋지게 키워갑시다!

"시험에 안 나와!"라는 말은
인간의 가능성과 존재 이유를 죽여버립니다.

만들기가 취미이자 특기. 시험과 관계없어도 충분히 훌륭한 능력입니다.
지켜줬으면 좋겠습니다.

초등학생과 중학생에게 로켓을 만들라고 하면 결정적인 차이가 납니다. 초등학생에게 "잘 만들었네, 진짜 멋지다!"고 말해주면 주변 아이들이 "얘는 만들기가 특기예요!" 하면서 가르쳐줍니다. 그러면 이 말을 들은 아이는 조금 쑥스러워하긴 하지만 기뻐하죠. 그런데 중학생에게 같은 말을 건네면 옆에 있던 아이가 "만들기는 잘해요" 하고 살짝 이야기해줍니다. 본인도 어딘가 씁쓸한 얼굴을 하죠. 도대체 왜?! 왜 이렇게 된 거지!!!

만들기를 통해 우리는 많은 것을 배울 수 있습니다. 의욕, 호기심, 주의력 그리고 배려. 만들기를 좋아하면 할 수 있는 일이 늘어납니다. 입사 시험에 만들기가 포함돼 있는 회사도 많이 있고요.

누구나 잘하는 것과 못하는 것이 있습니다. 학교는 아이들이 자신이 잘하는 것을 찾을 수 있는 장소여야 합니다. 그런데 왜 시험에 안 나오는 것은 가치가 없다고 느끼게 만드는 걸까요? 이는 인간의 가능성과 존재 이유를 짓밟는 행위입니다.

사람은 타인을 굴복시키려 할 때
자신이 두려워하는 것을 사용합니다.

소리 지르며 화내는 사람은 누군가가 자신에게 그렇게 하면
두려워하는 사람입니다.
자신처럼 상대도 두려워할 거라고 생각하고 소리 지르는 거지요.

제 아버지는 무서운 분이십니다. 화를 잘 감추지 못하지요. 화가 나면 식탁을 쾅쾅 두드리고 문을 쾅 하고 닫고 큰소리로 화를 내십니다. 그런 아버지가 어린 시절 저에게는 두려움의 대상이었습니다. 아버지에게 맞으면서 눈치를 보며 자랐지요. 그래서 혹시 저도 스스로 제어가 안 될 정도로 화가 났을 때 아버지의 모습이 나오지 않을까 정말 두렵습니다. 분명 저는 아직도 아버지가 무서운 거겠지요.

상대방의 의견은 무시하고 자신의 의견만을 관철시키기 위해서는 상대를 굴복시켜야 합니다. 그럴 땐 항상 폭력이 따르지요. 언어폭력도 폭력입니다. 남에게 상처를 주니까요. 문제가 생겼을 때 필요한 것은 해결해야 할 문제가 무엇인지 명확히 하는 것입니다. 그리고 어떻게 하면 더 좋아질지를 생각하는 거지요.

자신의 의견을 묵살당한 경험이 많은 사람일수록 상대를 굴복시켜야 한다고 생각하기 쉽습니다. 하지만 그러면 결국 해결책이 없는 수준 낮은 싸움밖에는 남는 게 없습니다.

저는 제가 살고 있는 곳이 정말 좋습니다

홋카이도 아카비라 시는 홋카이도의 거의 중앙인 소라치 강 유역에 위치하고 있습니다. 전성기 때는 6만 명 가까이 살았지만, 탄광이 문을 닫으면서 인구가 줄어 지금은 1만 2천 명도 채 안 됩니다. 누가 봐도 과소마을이 돼버렸죠. 하지만 자연이 정말 아름답습니다. 맑은 물과 푸른 숲들로 둘러싸여 있지요. 겨울에는 영하 20도까지 내려가지만 별들이 쏟아져 내릴 듯하고, 여름에는 푸른 하늘이 끝없이 펼쳐지는데 저희들이 만든 로켓이 그 풍경 속으로 빨려 들어갑니다.

삿포로나 아사히카와도 차로 한 시간 정도면 갈 수 있습니다. 또 아카비라에는 탄광을 보존해놓은 산업유산도 있고, 여름에 열리는 '불 축제'에서 히모지야키*나 5천 발 이상의 불꽃이 하늘을 수놓는 장관도 볼 수 있지요. 저는

〈불편한 심부름센터〉
Blu-ray & DVD-BOX 발매중

발매처 : 〈불편한 심부름센터〉 제작위원회
판매처 : 도호
출연 : 오카다 마사키, 스즈키 고스케, 엔도 겐이치 등

제가 살고 있는 아카비라가 정말 좋습니다.

아카비라는 2015년 4월에서 6월까지 방송된 〈불편한 심부름센터〉에도 나왔습니다. 〈불편한 심부름센터〉는 눈으로 뒤덮인 이름도 없는 마을의 심부름센터를 무대로 한 엉뚱한 코미디로, 그 독특한 세계관이 마음에 들었지요. 제가 알고 있는 가게와 풍경이 나오는 것도 참 신기했고요.

여기에 등장하는 '코스프레 이자카야'에서 제일 시끌벅적한 인물들 대부분이 시청 사람들인데 모두 웃는 얼굴이 참 멋집니다. 새하얀 겨울의 아카비라도 실컷 즐길 수 있어 좋습니다. 기회가 되신다면 한 번 찾아봐주세요.

---

* 히모지(火文字), 말 그대로 '불(火)'이라는 글자를 활활 태우는 이벤트−옮긴이

제 **6** 장

미래사회를
만들기 위해

누군가가 옛날 상식으로 말하는
"안 되지 않겠어?"는 이제는 의외로
쉬운 일일 수도 있습니다.

저희 로켓의 소재는 특수한 복합재료로 이뤄져 있습니다.
하지만 그 복합재료는 사실 쉽게 구할 수 있는 것들이지요.

기술의 발전사를 살펴보면 인류의 노고와 노력을 짧은 시간에 알 수 있지요. 인류가 처음 만든 것은 전부 손으로 만든 하찮은 것들이었습니다. 〈내셔널 지오그래픽〉 중에서 '세계의 거대공장'편을 보면 세계 최첨단을 자랑하는 공장의 제조공정을 소개하는 장면이 나옵니다. 그런데 페라리 공장에서 할머니들이 수작업으로 시트 봉제하는 걸 보고 있자니 '나도 만들 수 있겠다'라는 생각이 들었습니다.

저희들이 만들고 있는 로켓 엔진에 관한 얘기를 해보면, 저희의 로켓 엔진은 무척 안전해서 저희 집 바로 옆에서 실험이 가능할 정도입니다. 그래서 저희 아이들은 로켓 엔진은 집에서 만드는 물건인 줄 알고 있죠. 상식적으로는 이해가 안 되지만 사실임에 틀림없습니다. 저는 이렇게 '착각'하고 사는 사람들이 늘어나길 바랍니다. 아폴로 시대에 최첨단이었던 재료들은 지금은 어디서든 다 살 수 있으니까요.

인간은 '차이'를 만들기 위해
노력해야 합니다.

우에마쓰전기의 경영방침은
'가동률을 낮추자' '가능한 한 팔지 말자' '가능한 한 만들지 말자'입니다.

저희 회사는 고장이 잘 나지 않는 파워셔블용 마그네트를 생산해서 팔고 있습니다. 한 고객의 클레임을 계기로 1년 반 동안 개량을 거듭한 결과(사실 사용법이 잘못된 거였지만) 고장이 잘 안 나는, 혹시 잔 고장이 나더라도 <u>스스로 고칠 수 있는</u> 마그네트를 개발하게 됐지요. 그러자 한 판매직원이 "이런 제품이 세상에 알려지면 마그네트가 나중에는 안 팔리게 되지 않을까요?" 하길래 그때부터 마그네트를 많이 팔지 않는 전략을 세웠습니다.

그 결과 가격을 깎으려는 사람도 없어져서 판매이익을 확보할 수 있게 됐고, 오히려 판매가 안정적으로 이뤄졌죠. 수요에 맞춰 제품을 생산했더니 불필요하게 추가 생산을 해 재고를 안을 필요가 없어져서 더 편해졌고요. 이러한 우여곡절 끝에 탄생한 '가능한 한 팔지 말자. 가능한 한 만들지 말자'라는 경영방침 덕택에 저희 회사의 매출은 순조롭게 상승하고 있습니다. 동종 업체끼리 경쟁하게 되면 반드시 불필요한 가격경쟁이 발생합니다. 그건 제 살 깎아 먹기밖에 안 되지요. 그렇기 때문에 더욱 '차이'를 만들기 위한 노력이 필요합니다.

틈새시장은 발견하는 것이 아니라
스스로 만드는 겁니다.

상대와 같은 판에 서지 마라.
이것이 저의 전술입니다.

저희 회사의 파워서블용 마그네트는 약 90퍼센트의 시장 점유율을 차지하고 있습니다. "틈새시장이네요"라고들 하는데 당연히 그럴 수밖에 없죠. 기존 제품과의 정면승부를 피하기 위해 제가 2000년 8월부터 준비했던 제품이니까요. 연구를 거듭한 끝에 저희가 만든 새로운 시장이 탄생했고, 마침내 시장을 독점할 수 있게 됐지요. 경쟁상대가 넘쳐나는 시장에 진입하는 것은 중소기업에게는 어리석은 선택일 수밖에 없습니다. 기존에 형성돼 있는 시장에 진입해서 살아남으려면 자본력이 필수니까요. 그렇다면 저희 같은 중소기업은 가격경쟁에서 이길 수 없습니다. 정면대결을 피할 방법을 찾아야 하죠.

세상에 없는 것을 생각하고 만들어내야 합니다. 그러면 자연스럽게 작은 시장이 탄생하게 됩니다. 바로 스스로 만들어낸 시장이죠. 이곳에서는 선발주자로서의 우위성을 확보할 수 있으며 경험이라는 이름의 자본도 있습니다. 이렇게 적진으로 뛰어들어 필사적으로 만들어낸 시장이 바로 틈새시장인 겁니다. 같은 물건을 싸게 만들고 있을 때가 아닙니다.

비즈니스의 성공 비결은
'돈' 이외의 가치를 발견하는 것입니다.

저는 새로운 일을 시작할 때 경험치를 늘릴 수 있는 일인지를 따집니다.

처음 우주 개발에 뛰어들었을 때 "그렇게 연구만 해서 돈이 돼?"라는 말을 많이 들었습니다. 그때마다 저는 "왜 꼭 돈이 돼야 합니까?"라고 오히려 반문했지요.

새로운 일을 시작할 때 저는 이 일이 돈이 되는지 아닌지를 따지지 않습니다. '어떤 새로운 경험이 가능한지'를 최우선으로 따져서 선택하지요. 일이란 나의 성장을 위한 투자니까요. 예를 들면 우에마쓰전기가 운영하고 있는 무중력 시설은 전 세계에 세 곳밖에 없는 시설 중 하나로, 저희는 이 시설을 거의 무료로 빌려주고 있습니다. 그래서 많은 연구자들이 실험을 하러 찾아오고, 이분들과 친해지게 되는데, 이는 돈으로 살 수 없는 가치입니다.

물론 눈앞의 이익만 생각하면 손해라고 생각할지 모르지만 저는 절대 손해 보지 않습니다. 왜냐하면 경험을 얻으니까요. 그 덕분에 다음번에 도전할 일의 레벨이 높아지게 되고요. 이런 생각의 정반대가 바로 '그거, 돈 돼?'입니다.

성공이란 필요한 존재가 되는 겁니다.
기업이든 개인이든 '필요하다'면
존재의 가치는 충분합니다.

'성공'이라는 말을 '필요'로 바꾸면 좀 더 명확해집니다.

"제 꿈은 성공하는 겁니다!"라고 말하는 사람들이 많습니다. 하지만 성공이란 도대체 뭘까요. 많은 사람들에게 인정받는 것? 유명해지는 것? 지위? 명예? 돈?

저는 개인적으로 성공이란 필요한 존재가 되는 거라고 생각합니다. 기업이든 개인이든 필요한 존재라면 그 가치는 충분하지요. '성공하다'를 '필요한 존재가 되다'로 바꿔보는 것만으로도 성공을 바라보는 시선이 조금 달라질지 모릅니다. 성공을 너무 어렵게 생각하지 않아도 돼서 조금은 마음이 편안해지죠.

TV에서도 "이분은 성공한 분입니다!"라고 소개하는 것보다 "이분은 많은 사람들이 필요로 하는 분입니다!"라고 소개하는 게 저는 왠지 더 와 닿습니다. '성공이 대체 뭐지?' 궁금하다면 '성공' 대신에 '필요한 존재가 되는 것'을 대입해보면 그 의미가 더 명확해질지도 모릅니다.

지금의 일본 경제는
넙적한 그릇에 담긴 물 같습니다.

실수로라도 세상을 파멸시키는 길을 선택해서는 안 됩니다.

지금의 일본 경제는 넙적한 그릇에 담긴 물 같습니다. 물이 증발해 점점 얕아지고 있기 때문에 그릇을 기울여 깊어 보이게 하고 있죠. 하지만 반대쪽은 물이 아예 없습니다. 물은 소비 혹은 돈을 의미하고, 깊은 곳과 얕은 곳은 승자와 패자에 비유할 수 있지요. 물은 계속해서 증발할 거고 언젠가는 완전히 말라버릴지도 모릅니다.

기존의 돈벌이는 이미 존재하고 있는 가치의 분포를 바꿀 뿐입니다. 이런 경제 시스템은 2차 대전 이후에 인구가 증가하던 시대에 맞춰 만든 것이죠. 하지만 지금의 일본은 이미 인구감소 시대에 접어들었기 때문에 불황은 일시적인 현상이 아니라 계속될 것 같은 생각이 듭니다.

터질 듯한 생산능력을 가장 손쉽게 사용하는 방법은 파괴지요. 하지만 실수로라도 세상을 파멸시키는 선택을 해서는 안 됩니다. 우리는 지금 소비에 의존하지 않는 사회를 만들어야 할 시점에 와 있습니다. 이러한 노력이 어쩌면 전쟁도 막을 수 있을지 모릅니다.

50퍼센트의 힘은 먹고사는 데 쓰고
나머지 50퍼센트의 힘은 미래에 투자합시다.

일본은 지금 상상을 넘어설 정도로 변화하고 있습니다.
다윈의 말이 절실히 와 닿는 시대에 살고 있지요.

영원한 직장은 없습니다. 과학은 진보하고 있으며 사회도 변하고 있습니다. 인간의 사고가 필요치 않는 단순 노동은 결국은 전부 로봇으로 대체될 겁니다. 그래서 기업은 50퍼센트의 힘은 회사를 운영하는 데 사용하고, 나머지 50퍼센트의 힘은 미래를 준비하는 데 사용해야 합니다.

고용을 유지하기 위해서는 로봇 이상으로 일 잘하는 사람을 키우는 것 외에는 방법이 없지요. 이는 정부 차원에서 힘써야 할 최우선 과제입니다. 그리고 기업도 똑같은 일을 반복할 게 아니라 연구하고 개발하는 방향으로 바뀌어야 합니다. 물론 연구 개발만으로는 살아남을 수 없겠죠. 그렇기 때문에 연구 개발의 성과를 도입해서 새로운 수익을 창출해가야 합니다.

이러한 사고방식은 기업뿐만 아니라 개인에게도 꼭 필요합니다. 즉, 50퍼센트의 힘은 먹고사는 데 쓰고, 나머지 50퍼센트의 힘은 미래에 투자하는 거지요. 사회는 프랙탈*입니다. 전체는 부분을 닮아 있고, 부분은 전체를 닮았죠. 사회의 모습은 바로 개인의 모습인 겁니다. 다윈은 변화에 잘 적응하는 종만이 살아남는다고 했습니다.

---

* 기하학적 개념으로, 작은 구조가 전체 구조와 비슷한 형태로 끝없이 되풀이 되는 구조. 예를 들면 나뭇가지 모양이나 창문에 성에가 자라는 모습 등 우주의 모든 것이 결국은 프랙탈 구조로 되어 있다.

국가의 총력은
국민의 피와 땀과 눈물의 결정체입니다.

과학기술의 진보로 노동에서 해방된 시간을
우리는 어디에 쓰고 있는 걸까요?
그 시간을 가전제품 할부를 갚는 일 같은 데 쓰고 있지는 않습니까?

저희 회사의 마그네트는 고장이 잘 안 나기 때문에 교체 수요가 거의 없습니다. 하지만 고장이 잘 안 나니까 찾는 고객은 늘 있지요. 카피 제품이 시장에 돌아다니지는 않을까 걱정이 돼 대책 마련도 하고 있지만 좀처럼 발견되지는 않습니다. 고장이 안 나는 제품은 아무도 만들려 하지 않을 테니까요.

물건을 계속 팔기 위한 가장 큰 비결은 제품의 수명을 단축시키는 겁니다. 그래서 기술은 점점 진보하는 데도 불구하고 가전제품이 옛날보다 빨리 고장 나는 겁니다. 컴퓨터는 소프트웨어가 무거워지면 멈춰버리곤 하지요.

세탁기나 청소기는 시간으로부터 사람들을 해방시켜주기 위해 만든 게 분명합니다. 그런데 이 해방된 시간을 금방 쓰레기가 될 가전제품을 사기 위해 일하는 데 쓰고 있는 듯한 기분이 드는 건 왜일까요?

국가의 총력은 그곳에 살고 있는 사람들의 피와 땀과 눈물의 총합입니다. 이 소중한 것을 우리는 쓰레기장이나 매립지에 쌓고 있는 건 아닌지 생각해볼 일입니다.

개성을 추구하지 않는 사회는
쇼커 전투원들로 충분합니다.

그래서 저는 아이들에게
"쇼커가 되지 않도록 힘내!"라고 말합니다.

대부분의 회사들은 어떻게 하면 제품이 더 좋아질 지 알면서도 더 많이 팔기 위해 고장 나는 물건을 일부러 계속 만듭니다. TV 광고에 끊임없이 나오는 유명 대기업은 더욱 그럴지도 모르죠. 이런 회사는 직원들이 개성을 추구하는 걸 싫어합니다. 쓸데없는 생각은 하지 말아야 하고, 튀는 발상도 하지 않기를 바라지요. 전원 복면을 쓰는 걸로 OK. 쇼커 전투원*으로 충분한 겁니다.

쇼커 전투원은 정말 다루기 쉽습니다. 순순히 따르고 묵묵히 일하지요. 하지만 사실 그건 로봇의 제일 큰 특징입니다. 로봇이 고성능화되면서 인구가 줄고 평균수명도 한계에 다다르게 되면 끝내는 로봇이 인간을 대체하게 되겠지요.

저부터도 제가 하는 일이 자동화되면 얼마나 좋을까 하고 자주 생각하니까요. 가능할 것 같다고 느끼는 순간, 반드시 그렇게 됩니다. 지금부터 그런 시대에 대비해서 로봇에게 지지 않도록 생각하는 능력을 키워나가지 않으면 안 됩니다.

---

* 〈가면라이더〉에 나오는 악의 세력. 최하위급 전투원들은 모두 똑같은 옷을 입고 복면을 쓰고 있다-옮긴이.

저는 어른들도
의무교육이 필요하다고 생각합니다.

교육을 받지 않는다면 인간은 짐승만도 못하지요.

학교를 졸업한 이후부터는 사회인으로서의 자질을 익혀야만 합니다. 그런데 그렇지 못해서 초등학생, 중학생 수준의 사고를 가진 어른들이 늘어나고 있죠. 이런 사람들이 가정을 꾸리게 되면 부모와 비슷한 아이들이 또 자라나게 되고…, 이의 무한반복입니다.

영유아를 대상으로 하는 교육강좌는 많지만 부모를 대상으로 하는 교육강좌는 턱없이 부족합니다. 그래서 다들 대충대충이지요. 문제가 표면적으로 드러나지 않아 부모들이 자신의 현재 교육방침이 옳다고 착각하고 있을 뿐인데 말입니다. 물론 좋은 책도 많죠. 좋은 강좌도 찾아보면 있습니다. 그런데 대부분의 사람들은 좋은 책을 읽지 않고, 강좌에도 참여하지 않습니다. 그러니 좋은 정보를 알게 될 길이 없는 거죠.

그래서 저는 어른들에게도 의무교육이 필요하다고 생각합니다. 그리고 지금이야말로 교육이나 학문의 진정한 의미를 찾는 의무교육을 해야 할 때입니다. 이때의 의무교육은 물론 대학 진학을 위한 입시학원처럼 해서는 안 되겠지요.

투덜대지 말고
일단 해보자!

우선은 해봐야 합니다.
날리지 않으면 그저 장식용 종이비행기일 뿐입니다.

종이비행기 교실을 운영하면서 느끼는 점이 있습니다. 고등학생 정도 되면 지식도 풍부하고 여러 가지 아이디어가 많이 나오는데 무의식적으로 실천하기를 꺼려한다는 점이죠. 불필요한 짓을 하거나 "하면 돼요"라고 말만 할 뿐 실천으로 옮기질 않습니다. 하지만 안 되는 이유는 잘도 만들어냅니다(그 중 대부분이 '바빠서'죠). 그러다가 결국 시간이 없어지지요. 일을 할 때도 저는 종종 이런 상황을 목격합니다.

종이비행기를 설계할 때 처음에는 정말 대충 어림잡아 계산해서 만듭니다. 아무리 정밀하게 계산하더라도 절대 생각처럼 만들어지지 않거든요. 중요한 것은 형태를 먼저 만든다는 데 있습니다. 우선 날려보고 나서 개선점을 찾아 나가는 거지요. 이러한 작업을 반복하지 않는다면 그저 장식용 종이비행기가 될 뿐입니다.

투덜대지 말고 일단 해보자! 이것이 가장 단순하지만, 가장 확실하게 미래로 나아가는 길입니다.

로켓 아저씨에게
포기하지 않는 법을 배워봅시다!

일본의 20대를 '사토리 세대'라고 부르는데 '사토리'란 깨닫음이라는 뜻을 가지고 있습니다. 현실을 냉정하게 인정하고 모든 것을 '달관'해버린 사토리 세대 이야기를 듣는 순간, 불현듯 우리나라의 '삼포세대'가 떠오르는 이유는 왜일까요? 꿈과 열정으로 가득 차 있어야 할 청년들이 희망 없는 미래에 득도하듯 자신의 처지를 깨닫고 소극적으로 살아가고 있다는 점에서 양국의 젊은이들이 닮아 있는 것 같아 참 안타까웠습니다.

하지만 저자는 우리들이 두려워하는 '실패'는 실패가 아니라 하나도 버릴 것 없는 귀한 '경험'이라고 말합니다. 한 번뿐인 인생, 아무것도 하지 않는 삶보다는 여러 가지를 경험하며 살아가는 것이 훨씬 재미있는 삶이라면서요. 그리고 포기만 하지 않는다면 결국 성공하게 된다는 로켓 아저씨의 한 마디, 한 마디에 저도 크게 공감하면서 가슴에 와 닿는 문장을 밑줄을 쳐가며 더욱 몰입해서 번역을 하게 됐습니다(실제 번역본에 크레용으로 밑줄을 쳤지요^^).

'이런 어른들이 많아진다면 아이들도 불행한 어른의 미니어처가 되지 않을 텐데'라는 생각이 들었죠. 개성만점인 아이들의 꿈을 응원하고 지켜주고 싶은 어른의 한 사람으로서 로켓 아저씨의 이야기를 가감없이 전달해주고 싶다는 욕심에 단어 하나 하나를 선택할 때마다 고민을 거듭했습니다. 어떻게 하면 로켓 아저씨의 말투와 언어유희(아재개그?)까지도 최대한 비슷하게 살릴 수 있을지 많이 고심했지요. 제가 책을 낸다는 마음으로 글을 옮겼는데 독자 여러분에게도 그 울림이 전달되길 바랍니다.

글의 분량이 적고 쉽게 쓰여져 있지만 매우 깊고 의미 있는 정보와 인생의 지혜가 가득해서 소장하기에도, 지인에게 선물하기에도 손색이 없는 책이라 여겨집니다. 일본 사회 문제의 핵심을 정확히 짚어내고, 그 해결책을 명쾌하게 제시하는 부분을 통해서는 한국 사회와도 닮은 부분이 많아 우리가 더 나은 사회를 만드는 데 참고해도 좋을 것 같습니다.

꿈은 이뤄질 때까지 계속 도전하면 반드시 이뤄집니다.
그것은 마치 아주 먼 곳으로 산책을 가는 것과 같습니다.
'멀어서 안 돼'라고 생각하면 못 갑니다.
하지만 믿고 계속 걸어가다 보면 언젠가는 반드시 도착하게 됩니다.

✳

누군가에게 "그만둬!" "무리야!"라는 말을 들었다고 해서
"아, 그런가요" 하고 포기해버리면 내 인생은
그 누군가의 것이 돼버리는 거니까요.
하지만 그 누군가는 절대로 내 인생을 책임져주지 않습니다.

✳

경험을 쌓지 않으면 능력도 제자리걸음이겠지요.
인생을 풍요롭게 물들여가는 것은 '좋아하는 것들'입니다.

돈으로 살 수 있는 꿈은 누군가의 서비스일 뿐입니다.

✳

열심히 해라는 말은 '뭔가 하나만' 열심히 하라는 의미가 아닙니다.
왜냐하면 인생이란 게 원래
한 가지만 가지고는 살아갈 수 없으니까요.

✳

평범하지 않은 길을 가려 하면
전부 부정당하는 사회는 바람직하지 않다고 생각합니다.

✳

'포기'는 후천적인 교육으로 키워진 능력입니다.
그렇다면 포기하지 않는 방법을 가르치는 교육도 분명 가능할 겁니다.

생각하는 대로!

초판 발행 2017년 5월 22일

지은이 우에마쓰 쓰토무
옮긴이 김선주

펴낸이 엄태상
편집 양선희
본문 및 표지 디자인 디자인 su:

마케팅 이상호 · 오원택 · 이승욱 · 전한나 · 왕성석
국제업무 조은형
제작 조성근

펴낸곳 ㈜시사일본어사
등록일자 1977년 12월 24일
등록번호 제300-1977-31호
주소 서울시 종로구 자하문로 300 시사빌딩
전화 편집부 02-3671-0528 | 마케팅부 02-3671-0532
팩스 02-3671-0500
홈페이지 www.sisabooks.com

ISBN 978-89-402-9208-2 03320